테스트 주도 머신 러닝

테스트 주도 머신 러닝

TDD 기법을 활용한 머신 러닝 알고리즘 구현

저스틴 보조니어 지음 | 남궁영환 옮김

[PACKT] PUBLISHING

지은이 소개

저스틴 보조니어 Justin Bozonier

시카고에 살고 있으며, 현재 그럽허브GrubHub에서 시니어 데이터 사이언티스트로 일하고 있다. 소비자 분석 플랫폼 개발과 베이지안 통계분석 기법을 활용하는 실시간 스플릿 테스트split test 분석 플랫폼 개발을 이끌었다. 또한 데이터 마이닝과 소프트웨어 제품 고도화 프로토타입을 위한 여러 가지 머신 러닝 분석 모델도 개발했다. 이러한 소프트웨어 개발 전문 지식은 『Parallel Programming with Microsoft(r) .NET』과 『Flow-Based Programming, Second Edition』 등에서 습득했다. 또한, 파이데이터PyData 워크숍에서 '시뮬레이션을 통해 단순화된 통계학 Simplified Statistics through Simulation'이라는 주제로 강연하기도 했다.

그동안 밀리만Milliman, Inc.에서 보험통계분석 시스템 개발자를, 마이크로소프트에서 소프트웨어 개발 엔지니어 IISDE II를, 치즈버거 네트워크Cheezburger Network에서 시니어 데이터 분석가와 개발 팀장 등을 역임했다.

나의 인생에서 가장 훌륭한 동반자인 샤반나 보조니어에게 감사한다. 나에게 시간을 맞춰주고, 필요하면 따로 방을 쓰기도 하면서, 책을 쓰는 작업처럼 많은 시간을 필요로 하는 일에 더 집중할 수 있도록 해주었다.

이 책을 쓰는 데 지원해주고 도움을 준 친구들과 동료들인 탐 헤이든, 드류 퍼스틴, 앤드류 슬로닉에게 감사한다.

수년간 멘토가 되어준 차드 보이어, 켈리 리히, 로버트 림, 제임스 티펜, 로렌 배스트에게 감사드린다.

내가 살면서 이루어낸 모든 것은 "뭐든지 다 잘 해낼거야"라는 부모님의 응원이 있었기에 가능했다.

기술 감수자 소개

라르스 마리우스 가쇼Lars Marius Garshol

20년간 컨설턴트, 소프트웨어 제품 개발, 오픈소스 개발자로 일해 왔다. 오페라Opera 웹 브라우저에 유니코드 지원 기능을 추가했고, ISO 표준 번호 편집, 톨로그tolog 쿼리 언어 개발 업무 등을 수행했다. 이후, 엔터프라이즈 아키텍트와 R&D 개발자로도 일했다. 데이터베이스 내에서 중복 레코드를 구분해내는 오픈소스 툴인 '듀크Duke'의 개발자기도 하다. 또한 2002년에 출간된 『Definitive XML Application Development』라는 책을 썼다. 현재 노르웨이 오슬로에 있는 Schibsted Products & Technology에서 소프트웨어 엔지니어로 근무하고 있으며, 노르웨이 농가의 에일ale 맥주에 관한 책을 집필 중이다.

알렉세이 그리고레프Alexey Grigorev

소프트웨어 개발과 데이터 사이언스를 5년 정도 다룬 경력이 있다. 주로 R과 파이썬Python을 이용해 데이터 정제, 데이터 분석, 데이터 모델링 등을 수행하는 업무를 담당하고 있다. 테스트는 소프트웨어 개발에 꼭 필요할 뿐만 아니라, 머신 러닝 분석 모델 개발에도 매우 유용하다고 굳게 믿는다.

옮긴이 소개

남궁영환 (youngnk@gmail.com)

고려대학교 컴퓨터학과(학사/석사)와 서던캘리포니아 대학교Univ. of Southern California (석사)를 졸업하고, 플로리다 대학교Univ. of Florida에서 데이터 마이닝을 주제로 컴퓨터공학 박사 학위를 취득했다. 삼성SDS 연구소에서 클라우드 컴퓨팅, 빅데이터 플랫폼, 데이터 사이언스와 관련된 다양한 최신 기술 연구/개발 과제를 수행했으며, 현재 아마존 웹 서비스Amazon Web Services에서 프로페셔널 서비스 빅데이터 컨설턴트Professional Services Big Data Consultant로 근무 중이다.

옮긴이의 말

아마도 요즘 가장 인기 있는 분야를 꼽는다면 인공 지능, 머신 러닝일 것이다. 최근 클라우드 컴퓨팅 기술의 눈부신 발전에 힘입어 거의 무한대에 가까운 컴퓨팅 자원을 사용할 수 있게 되면서, 과거에 어려움을 겪었던 대용량 데이터 분석, 높은 계산 복잡도를 요구하는 문제 해결 등에서 큰 진전을 보이고 있다.

머신 러닝, 데이터 마이닝 분야의 알고리즘은 대부분 학습learning을 통해 '패턴 pattern'이라는 분석 모델을 만들고 이를 조정하고 개선해 나간다. 이는 기존의 소프트웨어 개발 관점과는 다소 거리가 있을 수 있다. 하지만 대용량 데이터를 처리하고 분석하기 위한 소프트웨어를 개발할 경우, 정합성의 검증은 필수적으로 요구된다.

이 책은 머신 러닝 기법을 개발하는 데 소프트웨어 개발 기법 중 하나인 테스트 주도형 개발TDD 기법을 효과적으로 적용하는 방법에 대해 설명하고 있다. 불확실한 확률 계산 작업을 TDD 기법을 통해 단계별로 테스트를 성공시키면서 개발할 수 있는지에 대한 내용은 기존에는 볼 수 없었던 참신한 시도라고 생각한다. 특히, 가시적 성과를 바탕으로 복잡한 알고리즘을 체계적으로 개발할 수 있다는 점에서 의미가 있다. 이 책의 내용을 바탕으로 꾸준히 학습하면 새로운 머신 러닝 알고리즘도 효과적으로 구현해낼 수 있을 것이다. 끝으로, 책이 나오기까지 많은 도움을 주신 에이콘출판사에 깊이 감사드린다.

차 례

지은이 소개   4

기술 감수자 소개   5

옮긴이 소개   6

옮긴이의 말   7

들어가며   13

1장 테스트 주도 머신 러닝의 소개   19

테스트 주도 개발   21

TDD 사이클   23

  빨간색   23

  초록색   24

  리팩토링   24

동작 주도 개발   25

첫 번째 테스트   26

  테스트 상세 분석   30

    주어진 조건   30

    언제   31

    그러고 나면   31

머신 러닝에 TDD 적용   32

확률적 속성 문제 해결   33

개선된 분석 모델의 검증 방법   39

  분류분석 개요   39

  회귀분석   40

  클러스터링   41

분류분석 모델의 정량적 분석   41

요약   44

2장 퍼셉트론의 개념 기반 테스트   45

시작   46

요약   59

3장 Multi-armed bandit 알고리즘을 이용한 문제 해결   61

bandit의 소개   61

시뮬레이션 기반 테스팅   63

간단한 수준에서 시작   64

실제 환경에서 시뮬레이션   68

Randomized probability matching 알고리즘   71

부스트래핑 bandit   74

현재 부스트래핑 기법의 문제점   78

Multi-armed bandit 알고리즘 활용   79

요약   81

4장 회귀분석을 이용한 예측   83

고급 회귀분석 기법 복습   84

회귀분석 관련 개념 정리   84

정량화 기반의 분석 모델 성능 측정   85

데이터 생성 작업 소개   87

분석 모델 관련 기본 사항 구현   87

분석 모델에 대한 교차 검증   96

데이터 생성   97

요약   99

5장 로지스틱 회귀분석을 이용한 '흑과 백'의 판단 결정   101

로지스틱 회귀분석용 데이터 생성   102

분석 모델의 정확도 측정   104

조금 더 복잡한 예제 작성   106

분석 모델에 대한 테스트 주도 작업   108

요약   113

6장 나이브 베이즈 분류분석기 제작   115

실습을 통한 가우시안 분류분석의 이해   116

분석 모델 개발   118

요약   140

7장 알고리즘 선택을 통한 최적화   141

분류분석기의 성능 개선   142

우리의 분류분석기 적용   147

랜덤 포레스트 알고리즘 성능 개선   153

요약   157

8장 테스트 주도 기반 scikit-learn 학습   159

테스트 주도 설계   160

전체 개발 계획 수립   161

   분류분석기 선택 기능 개발(분류분석기 성능 평가용 테스트 실행이 수반된)   163

알고리즘의 신중한 선택을 위한 선택 기능 개선   177

테스트가 가능한 도큐멘테이션 개발   180

   의사결정 트리 알고리즘   180

요약   184

9장 전체 통합 작업   185

상위 개념 수준에서 시작   187

실제 환경에 적용   208

이 책을 통해 얻은 것   216

요약   217

찾아보기   218

들어가며

머신 러닝Machine Learning의 주요 목표 중 하나는 분석 모델의 성능이 일관성을 가지면서도 꾸준히 개선되도록 하는 것이다. 여러분은 아주 간단한 아이디어를 생각해낸 후 이를 실제 알고리즘으로 구현까지 해낸 경험이 있을 것이다. 필요한 경우 라이브러리를 쓰기도 하면서 말이다. 새로운 알고리즘을 사용하기 위해서는 관련 옵션도 써야 하고, 성능도 향상시켜야 한다. 이와 동시에, 성능이 저하되지 않도록 하는 방법도 알아야 한다.

확률기반 알고리즘stochastic algorithm을 테스트하는 것이 어떻게 보면 불가능한 것처럼 보이므로, 모든 변경사항을 전문가에게 물어보는 것도 한 방법일 수 있다. 하지만 이 방법은 말 그대로 너무 느리다는 문제가 있다. 알고리즘을 업데이트했을 때 이전보다 성능이 더 좋아졌는지 자동으로 확인할 수는 없을까? 기존 알고리즘을 다른 라이브러리에 있는 임의의 알고리즘으로 바꾸거나, 여러분이 구현한 것에 대해 더 깊이 있게 연구할 수 있도록 코드를 설계하려면 어떻게 하면 될까? 이것이 이 책을 쓰게 된 이유다.

이 책에서 우리는 테스트 주도 개발TDD, Test-Driven Development이 무엇인지, 머신 러닝에서 이것이 어떤 가치를 지니는지 알아볼 것이다. 테스트 개발을 위해 파이썬 2.7의 nosetests 라이브러리를, 머신 러닝 알고리즘을 위해 statsmodels와 scikit-learn 라이브러리를 사용한다. statsmodels는 회귀분석regression 구현에 매우 유용하다. scikit-learn 라이브러리는 여러 가지 분류분석classification 알고리즘에 사용될 것이다.

이 책의 구성

1장, 테스트 주도 머신 러닝의 소개 테스트 주도 개발TDD이 무엇인지, 실제로 어떻게 생겼는지, 어떻게 수행되는지 알아본다.

2장, 퍼셉트론의 개념 기반 테스트 간단한 버전에서 시작해 퍼셉트론Perceptron을 개발한다. 퍼셉트론이 비결정적non-deterministic 형태로 동작하는 특성을 지녔지만, 테스트가 가능하도록 알고리즘 동작behavior에 대한 정의도 작성한다.

3장, Multi-armed bandit 알고리즘을 이용한 문제 해결 Multi-armed bandit 문제와 여러 가지 알고리즘의 테스트, 반복 수행에 따른 성능의 변화 등을 알아본다.

4장, 회귀분석을 이용한 예측 statsmodels를 사용해 회귀분석을 구현하고, 주요 성능 지표에 대해 알아본다. 분석 모델 조정에 대해서도 살펴본다.

5장, 로지스틱 회귀분석을 이용한 '흑과 백'의 판단 결정 앞 장에 이어 회귀분석에 대해 살펴보고, 여러 가지 타입으로 성능 측정을 정량화하는 방법에 대해 알아본다. 이 장에서도 회귀분석 모델을 개발하기 위해 statmodels를 사용한다.

6장, 나이브 베이즈 분류분석기 제작 테스트 주도 개발 기법을 이용해 처음부터 가우시안 나이브 베이즈Gaussian Naive Bayes 알고리즘을 개발하는 데 도움을 준다.

7장, 알고리즘 선택을 통한 최적화 6장에 이어 추가 사항을 계속 알아본다. 그리고 새로운 알고리즘인 랜덤 포레스트Random Forests를 적용해 이 결과를 향상시킬 수 있는지 살펴본다.

8장, 테스트 주도 기반 scikit-learn 학습 스스로 학습하는 방법에 대해 알아본다. 여러분은 이미 이와 관련한 경험이 많을 거라고 본다. 이 장에서는 scikit-learn 문서에 대해 테스트 프레임워크를 사용하는 법을 살펴보고 이를 기반으로 구현해본다.

9장, 전체 통합 작업 여러 가지 다양한 알고리즘이 필요한 비즈니스 문제를 다룬다. 간단한 개념에서 출발해 우리에게 필요한 모든 것을 개발하고, 서드파티 라이브러리와 우리가 구현한 코드를 통합한다. 이 모든 작업을 테스트 주도로 진행한다.

준비 사항

이 책에서는 소프트웨어 단위 테스트를 위해 nosetest를 쓸 것이므로, 파이썬 2.7을 사용한다. 또한 scikit-learn과 statsmodels 라이브러리도 사용한다.

이 책의 대상 독자

이 책은 자신이 구현한 알고리즘을 어떻게 개선할 것인지를 독자적으로, 또 자동화된 방식으로 테스트하고 싶어하는 머신 러닝 전문가에게 적합하다. 테스트 주도 개발을 시작하려는 데이터 사이언티스트에게도 유용할 것이다. 다만 테스트 주도 개발 기법의 최신 내용을 배우고자 하는 독자에게는 추천하지 않는다. 이 책은 테스트 주도 개발에서 매우 간단하게 배울 수 있는 내용들로 구성되었기 때문이다. 폭넓은 독자층에 맞게 상대적으로 쉬운 접근법을 다룬다.

편집 규약

정보의 종류를 구분하기 위해 여러 가지 편집 규약을 사용했다. 각 사용 예와 의미는 다음과 같다.

본문에서 코드 단어는 다음과 같이 표시한다.

"테스트에서 NumberGuesser 객체를 초기화한다."

코드 블록은 다음과 같이 표시한다.

```
def given_no_information_when_asked_to_guess_test():
  number_guesser = NumberGuesser()
  result = number_guesser.guess()
  assert result is None, "Then it should provide no result."
```

코드 블록에서 특정 부분을 강조하고 싶을 때는 관련된 행이나 항목을 굵게 표시한다.

```
for the_class, trained_observations in
self._classifications.items():
  if len(trained_observations) <= 1:

 return None
  probability_of_observation_given_class[the_class] =
self._probability_given_class(trained_observations, observation)
 [default]
```

 경고나 중요한 노트는 박스 안에 이와 같이 표시한다.

 팁과 트릭은 박스 안에 이와 같이 표시한다.

독자 의견

독자로부터의 피드백은 항상 환영이다. 이 책에 대해 무엇이 좋았는지 또는 좋지 않았는지 소감을 알려주기 바란다. 독자 피드백은 독자에게 필요한 주제를 개발하는 데 매우 중요하다.

일반적인 피드백을 우리에게 보낼 때는 간단하게 feedback@packtpub.com으로 이메일을 보내면 되고, 메시지의 제목에 책 이름을 적으면 된다. 여러분이 전문 지식을 가진 주제가 있고, 책을 내거나 책을 만드는 데 기여하고 싶으면 www.packtpub.com/authors에서 저자 가이드를 참조하기 바란다.

고객 지원

팩트출판사의 구매자가 된 독자에게 도움이 되는 몇 가지를 제공하고자 한다.

예제 코드 다운로드

이 책에 사용된 예제 코드는 http://www.packtpub.com의 계정을 통해 다운로드할 수 있다. 다른 곳에서 구매한 경우에는 http://www.packtpub.com/support를 방문해 등록하면 파일을 이메일로 직접 받을 수 있다. 또한 에이콘출판사의 도서정보 페이지인 http://www.acornpub.co.kr/book/test-driven-machine-learning에서도 예제 코드를 다운로드할 수 있다.

컬러 이미지 다운로드

이 책에서 사용된 스크린샷과 다이어그램의 컬러 이미지를 PDF 파일로 제공한다. 컬러 이미지는 결과물의 변화를 이해하는 데 도움이 될 것이다. https://www.packtpub.com/sites/default/files/downloads/TestDrivenMachineLearning_ColorImages.pdf에서 PDF 파일을 다운로드할 수 있다. 또한 에이콘출판사의 도서정보 페이지인 http://www.acornpub.co.kr/book/test-driven-machine-learning에서도 컬러 이미지를 다운로드할 수 있다.

오탈자

내용을 정확하게 전달하기 위해 최선을 다했지만, 실수가 있을 수 있다. 팩트출판사의 책에서 코드나 텍스트상의 문제를 발견해서 알려준다면 매우 감사하게 생각할 것이다. 그런 참여를 통해 다른 독자에게 도움을 주고, 다음 버전에서 책을 더 완성도 있게 만들 수 있다. 오자를 발견한다면 http://www.packtpub.com/support를 방문해 이 책을 선택하고, 정오표 제출 양식을 통해 오류 정보를 알려주기 바란다. 보내준 내용이 확인되면 웹사이트에 그 내용이 올라가거나, 해당 서적의 정오표 섹션에 그 내용이 추가될 것이다. http://www.packtpub.com/support에서 해당 타이틀을 선택하면 지금까지의 정오표를 확인할 수 있다. 한국어판은 에이콘출판사 도서정보 페이지 http://www.acornpub.co.kr/book/test-driven-machine-learning에서 찾아볼 수 있다.

저작권 침해

저작권 침해는 모든 인터넷 매체에서 벌어지고 있는 심각한 문제다. 팩트출판사에서는 저작권과 라이선스 문제를 아주 심각하게 인식하고 있다. 어떤 형태로든 팩트출판사 서적의 불법 복제물을 인터넷에서 발견했다면 적절한 조치를 취할 수 있게 해당 주소나 사이트 명을 즉시 알려주길 부탁한다. 의심되는 불법 복제물의 링크를 copyright@packtpub.com으로 보내주기 바란다. 저자와 더 좋은 책을 위한 팩트출판사의 노력을 배려하는 마음에 깊은 감사의 뜻을 전한다.

질문

이 책에 관련된 질문이 있다면 questions@packtpub.com을 통해 문의하기 바란다. 최선을 다해 질문에 답해 드리겠다. 한국어판에 관한 질문은 이 책의 옮긴이나 에이콘출판사 편집 팀(editor@acornpub.co.kr)으로 문의해주기 바란다.

1
테스트 주도
머신 러닝의 소개

이 책에서는 복잡한 소프트웨어를 작고, 관리 가능한 여러 단계를 통해 개발할 수 있는 방법을 소개한다. 또한 테스트 주도 개발TDD, Test-Driven Development 기법을 이용해 어떻게 머신 러닝Machine Learning 솔루션을 개발할 수 있는지도 소개한다. 이 책을 통해 여러분이 TDD를 완벽하게 이해하고 다룰 수 있을 거라고는 기대하지 않는다. 앞으로 접하게 될 문제를 참신하게 해결하는 데 유용한 기본 원리들을 알아보고, 흥미를 불러일으키는 데 도움이 되기를 바란다.

이 장에서는 다음 세 가지 질문에 대한 내용을 알아볼 것이다.

- TDD와 동작 주도 개발BDD, behavior-driven development의 의미는 무엇인지?
- TDD와 BDD를 머신 러닝의 개념에 적용시키는 방법, 추론분석inference과 예측분석prediction 모델을 만들 수 있는 방법은 무엇인지?
- 실제로 이런 분석 모델이 어떻게 작동하는지?

이러한 질문에 대해 답할 수 있다면, 우리는 실제 현장에서 경험하는 문제들을 다룰 준비가 된 것이다. 이 책에서는 이러한 개념을 머신 러닝 문제를 푸는 데 어떻게 적용하는지 알아본다. 이 책에서 다루는 이론적인 내용 중 가장 많은 부분이 이번 장에 포함되어 있다. 이후 나머지 이론적인 부분은 예제를 통해 설명한다.

애플리케이션에 초점을 맞추었기 때문에, TDD와 BDD 이론 자체보다 훨씬 더 많은 것들을 배울 수 있을 것이다. 하지만 이 책에서 다루지 않는 실무 관점의 내용들도 있다. TDD와 BDD에 관한 이론과 새로운 정보를 포함한 궁금한 사항들은 아래 사람들이 만든 자료들을 참고하기 바란다.

- 켄트 벡Kent Beck: 'TDD의 아버지'로 불린다.
- 댄 노스Dan North: 'BDD의 아버지'로 불린다.
- 마틴 파울러Martin Folwer: '리팩토링Refactoring의 아버지'로 불린다. 이 분야에 대한 방대한 연구 결과를 집대성했다.
- 제임스 쇼어James Shore: 『The Art of Agile Development』의 저자 중 한 사람으로, TDD 분야의 깊이 있는 이론적 지식을 보유하고 있으며, 실무 관점에서 TDD의 가치에 대해서도 아주 잘 설명한다.

TDD나 BDD는 개념상으로는 매우 단순하지만 완벽하게 익히려면 상당히 오랜 시간 동안 노력해야 한다. 특히 머신 러닝에 적용하기 위해서는 알고리즘에 기인한 확률 프로세스를 제어하고 이의 성능을 측정하기 위한 새로운 방법을 찾아야 한다. 앞으로 여러 장에 걸쳐 이에 대해 자세히 학습할 것이다. 다음 절에서 TDD의 기본 내용과 적용 방안들을 알아보자.

테스트 주도 개발

켄트 벡이 쓴 책에 의하면, TDD는 다음과 같은 2가지 규칙으로만 구성되어 있다.

- 새 코드를 작성하기 전에 자동화된 실패 테스트failing automated test부터 먼저 만들 것
- 중복된 부분을 제거할 것

이는 다음과 같은 메시지로 요약되는데, 얼핏 보면 '마법의 주문'같다는 생각이 들 수도 있다.

"빨간색Red, 초록색Green, 리팩토링Refactor"

이게 뭘 의미하는지 잘 모르겠다면, TDD는 '어떤 소프트웨어를 실제로 개발하기에 앞서, 이것이 어떻게 동작할지를 구체적으로 기술하는 코드를 작성하는 소프트웨어 개발 프로세스'라는 걸 기억하기 바란다. TDD의 핵심 가치는 단계별로 에러 없이 동작하는 소프트웨어와 소프트웨어 개발 명세 사항들specifications을 아이템화하는 것이다.

TDD 소프트웨어 개발 프로세스에서는 다음 사항을 반드시 지켜야 한다.

- 프로그램의 동작behavior이 의도한 대로 바뀌었는지를 추적하는 코드 작성
- 각 반복수행iteration 단계 후 제대로 작동하는 소프트웨어를 만들어 내는 빠른 반복수행 사이클
- 어떤 버그인지에 대한 명확한 정의. 만약 테스트가 실패하지 않은 상태에서 버그가 발견되면, 이건 버그가 아니고 새로운 기능이 된다.

켄트가 말한 또 다른 중요한 점은, 이 기법은 궁극적으로 소프트웨어 개발 과정에서 두려움을 줄여준다는 것이다. 각 테스트가 목표를 달성하는 과정에서 체크포인트가 되기 때문이다. 만약 이 과정에서 너무 많이 벗어나서 문제 해결이 어려워지면, 제대로 적용되지 않는 테스트들을 전부 다 삭제하고 이전 상태(즉, 나머지 테스

트들이 통과하는 상태)로 되돌아가도록 코드를 작성하면 된다. TDD 과정에서 나오는 시행착오가 많긴 하지만 이건 머신 러닝에 적용할 때도 똑같다.

결국, 이러한 프로세스 전체를 통해 우리가 생각하는 방식이 바뀌게 된다. TDD를 이용해 설계한 소프트웨어는 모듈화가 잘 되어 있으므로 소프트웨어 내에서 여러 컴포넌트들의 실행 순서를 뒤바꿀 수도 있다. 이 책의 나머지 장에서 이에 대해 더 자세히 살펴볼 것이다.

여러분 중에 테스트 케이스를 기반으로 개발하는 것과 TDD가 별 차이가 없다고 생각하는 분도 있을 것이다. 하지만 대부분의 경우를 보면, 말로 표현한 것과 글로 표현한 것이 다른 경우가 흔하게 발생하며, 심지어 처음 생각했던 것과는 더욱 달라져 있기도 한다. 우리가 어떤 코드를 작성하기 전에 코드에 대한 목적과 작성 이유를 만들어 놓으면, 소프트웨어 설계에 '만일의 경우를 대비하는 식의 코드'를 만들어 넣지 않도록 할 수 있다. 여기서 말하는 '만일의 경우를 대비하는 식의 코드'란 문제가 있을지 없을지 확신할 수 없어서 일단 그냥 작성하고 보는 식의 코드를 말한다. TDD를 사용하면 테스트 케이스를 생각해보고, 현재 지원이 안 되는 것을 증명하고, 이런 결과를 통해 이를 수정할 수 있다. 우리가 테스트 케이스를 생각해 낼 수 없다면 이러한 수정사항을 코드에 추가 반영할 수 없다.

TDD는 개발 과정에서 소프트웨어의 다양한 수준에 맞게 운영이 가능하다. 테스트 케이스는 함수, 메소드, 클래스 전체, 프로그램, 웹 서비스, 신경망 알고리즘 Neural networks, 랜덤 포레스트 알고리즘Random Forest algorithm, 머신 러닝 파이프라인 전체에 이르기까지 모든 경우에서 작성 가능하다. 각 수준에 따라 테스트 케이스는 예상되는 클라이언트의 입장을 고려해 작성하면 된다. 이게 과연 머신 러닝과 어떤 관계가 있다는 걸까? 잠시 앞에서 얘기했던 것들을 다시 생각해보자.

머신 러닝 용어에는 함수, 메소드, 클래스, 수학적 모델 구현 결과에 대해 테스트를 작성할 수 있다는 의미가 담겨 있다. TDD는 심지어 직접적이고 집중된 방식으로 특정 기술과 메소드를 알아보는 용도로도 사용될 수 있다. 마치 여러분이 REPL(코드 스니펫을 테스트해 볼 수 있는 대화형 셸 프로그램)이나 IPython(대화형 파이썬 프로그램) 세션을 사용하는 것처럼 말이다.

TDD 사이클

TDD 사이클은 아직 프로그램화되지 않은 무언가를 시도해보기 위해 코드에 작은 함수를 작성하는 것이다. 이 작은 테스트 메소드는 3개의 섹션으로 구성된다. 첫 번째 섹션에는 객체 또는 테스트 데이터를 작성해 넣는다. 두 번째 섹션은 테스트할 코드가 작동하는 부분이다. 마지막 섹션은 우리가 예상했던 대로 코드가 제대로 작동했는지 검증하는 부분이다. 이제 여러분은 테스트를 통과하기 위한 요령 있는 코드(보통 lazy code라고 한다)를 작성할 것이다. 만약 여러분이 여기에 맞추어 작업을 진행하고 있다면, 이 광경을 지켜보고 있는 사람들 중 일부는 여러분의 게으른 태도와 매우 세세한 작업 단계 때문에 무척 짜증을 낼 것이다. 일단 테스트가 초록색Green 상태가 되고 나면, 여러분이 마음 속으로 생각했던 대로 코드를 리팩토링할 수 있다. 여기서 '리팩토링Refactor'이란 여러분의 코드를 어떻게 변경할지를 의미하는 것으로, 코드가 어떻게 실행되어 동작할지를 바꾸는 게 아니라는 점에 주의하기 바란다.

TDD의 세 가지 단계인 빨간색Red, 초록색Green, 리팩토링Refactor에 대해 좀 더 깊이 있게 알아보자.

빨간색

우선, 실패 테스트failing test를 임의로 하나 생성한다. 물론 이를 위해서는 실패failure의 결과가 어떤 모습인지 당연히 알고 있어야 한다. 머신 러닝의 가장 상위 개념 수준에서 이는 베이스라인baseline 테스트로 볼 수 있는데, 여기서 베이스라인이란 아무렇게나 하는 것보다는 약간 구체적인 수준의 테스트를 의미한다. 예를 들면, '아무거나 예측하는 경우'도 가능하고, '매번 똑같은 결과를 예측하는 경우'도 해당될 수 있다(음.. 베이스라인치고는 좀 정도가 심했나?). 아무리 베이스라인이어도 코드가 최소한 어느 정도 수준은 되어야 한다고 생각하는 사람들도 있겠지만, 이 정도면 시작하기엔 좋은 수준이 아닐까 한다. 머신 러닝 분야에서 경험했던 공통적인 문제점은 소위 '진정한 알고리즘'이라는 걸 구현하는 데 들이는 시간보다, 그 앞 단계에서 (예를 들면 개념 정리와 같은 작업으로) 쓰이는 시간이 너무 많다는 점이다.

하지만 완전히 무작위적인 상태보다 좋아질 수 있다면, 이러한 변화는 여러분의 비즈니스에서 수익을 창출해내는 데 꽤 유용할 거라고 본다.

초록색

실패 테스트를 만들었다면, 이것을 초록색Green 상태가 되도록 작업할 준비가 된 것이다. 임의의 상위 개념 수준의 테스트를 시작하면, 이를 하위 수준에서 고려할 만한 여러 개의 실패 테스트로 테스트를 진행하도록 개념적으로 나누는 데 도움이 되는 방법을 알아볼 수도 있다. 이 장의 뒷부분에서 좀 더 깊이 있게 다루겠지만, 지금은 가능한 한 테스트를 통과시키려면, 거짓말하고lie, 치팅하고cheat, 뭔가를 훔친다steal는 정도로만 알아두자. 실제로 치팅은 소프트웨어 테스트를 더욱 강력하게 만들어준다. "소프트웨어 개발을 위해선 교과서 같은 절차, 방식을 꼭 지켜야 해"라는 (잔소리 같은) 충고 따위는 가볍게 무시하고, 그냥 여기에 함께 맞장구를 쳐주면 된다. 다음 단계에서 이러한 문제를 어떻게 고치는지 알아볼 것이다.

리팩토링

이 단계에서는 마치 해커가 하듯이 모든 수단을 동원해서 테스트를 통과시켜야 한다. 우선, 코드를 리팩토링해야 한다. 주의할 점은 이 '리팩토링'이라는 단어를 만만하게 해석하면 안 된다는 것이다. 리팩토링이란 코드가 어떻게 작동할지, 결과가 어떻게 나오는지에 대한 일관성을 유지하면서 소프트웨어를 고쳐나가야 하는 것을 의미한다. 만약 if 문이나 특정 조건을 다루는 코드를 추가하는 등의 경우는 더 이상 리팩토링이라고 할 수 없다. 코드 리팩토링을 완료했다면, 다음 단계로 테스트 없이 소프트웨어를 구현한다. 여러분이 더 이상 리팩토링이라고 할 수 없는 상태인지 여부를 알고 싶으면, 이전 단계에서 통과했던 테스트가 여전히 제대로 되는지 여부를 보면 된다. 만약 제대로 통과되지 않는다면, 테스트를 통과했던 시점으로 돌아가야 한다. 다소 헷갈릴 수도 있겠지만 코드 실행 과정에서 어디가 달라졌는지 알아내느라 시간을 들이는 게 전부는 아니다. 리팩토링에 대해 관심이 있다면 마틴 파울러Martin Folwer의 『리팩토링: 코드 품질을 개선하는 객체지향 사고

법』(에이콘, 2012)을 참고하기 바란다. 이 책에서는 (가라테karate의 카타kata처럼) 리팩토링 코드가 폼form과 무브먼트movement의 세트로 이루어져 있는 것을 그림을 이용해 설명한다.

이상이 TDD와 관련된 일반적인 이론 내용이다. 하지만 실제 테스트에서는 어떤 형태로 나타날까? 이 프로세스가 실제 문제에서는 어떻게 진행될까?

동작 주도 개발

BDD는 TDD보다 더 일반화된 모습을 띠는데, TDD의 기술적 고려사항에 비즈니스 고려사항을 추가한 것이다. 이를 통해 사람들이 TDD에 대한 경험을 더욱 많이 쌓을 수 있도록 해준다. 일반적으로 당면한 문제에 어떤 패턴을 명시하는 것으로 시작했다. 특히, BDD 관련 권위자인 댄 노스Dan North는 이러한 문제를 쉽게 해결할 수 있도록 전용 프로그래밍 언어와 스트럭처를 제안했다. 그가 주목한 이슈 중 일부를 다음에 소개한다.

- 사람들은 테스트를 할 때, 다음 단계에서 무엇을 테스트하는지 이해하는 데 어려워한다.
- 테스트의 이름을 정하는 데 어려워한다.
- 단일 테스트 내에서 얼마나 많은 테스트를 해야 하는지 매번 감을 잡지 못하는 것 같다.

컨텍스트가 주어지면 BDD를 정확하게 정의할 수 있다. 즉, 동작이 어떻게 바뀌는지를 알려주도록 테스트를 작성하기만 하면 된다. 작성된 테스트가 비즈니스 이해관계자에게 설명할 만한 가치가 있는지를 스스로에게 질문해보는 것도 좋은 방법 중 하나다. 이는 이전 단계의 문제를 어떻게 해결했는지에 대해서는 다소 불명확하지만 현재 문제가 어떻게 생겼는지를 설명하는 데 있어서는 실질적인 도움이 된다. BDD는 '주어진 조건Given, 언제When, 그리고 나면Then'과 같은 3개로 구성된 스트럭처를 따른다. 이러한 스타일을 준수하기 위해서는 구체적인 프레임워크 또는 많은 테스팅 과정이 필요하다. 따라서 이 책에서는 다음과 같이 테스트에서 이를 다소 느슨하게 따르려고 한다. 이 스타일로 작성된 테스트 명세의 예를 보자. "빈 데이터세트가 주어진 경우Given, 분류분석기의 학습 단계가 완료된 상태라면when, '유효하지 않은 명령invalid operation'이라고 예외처리exception를 할 것이다".

이 문장은 다루기에 충분히 작은 크기의 작업처럼 보인다. 하지만 이것 역시도 여러분이 일하고 있는 분야에 익숙한 비즈니스 사용자가 이해할 수 있고, 개인적인 의견(피드백)도 줄 수 있는 수준이어야 한다.

이 내용에 대한 댄 노스의 견해가 궁금하면, 다음 웹사이트를 참고하기 바란다.

http://dannorth.net/introducing-bdd/

BDD 추종자들은 비즈니스 이해관계자가 볼 수 있도록 프로그래밍 언어와 테스트 결과 리포트를 만드는 데 특정 툴을 사용하려는 경향이 있다. 나의 경험을 포함해서 다른 동료들과 의견 교환을 통해 얻은 결론은 이런 식으로 쓸데없이 우아하게 만들어 놓은 것이 실제로는 잘 쓰이지도 않고, 가치도 별로 없어 보인다는 점이다. 이 책을 통해 배우는 접근법은 BDD에 대한 배경 지식이 전혀 없는 사람들도 가능한 한 쉽게 익힐 수 있는 방법이다.

이러한 점을 기억하고, 예제를 통해 익혀보자.

첫 번째 테스트

파이썬 예제 코드를 이용해 시작해보자. 앞으로 이 책에서는 nosetests를 사용할 것이다. 이유는 라이브러리 설치에 많은 노력을 들이지 않아도 되기 때문이다. 특히, 이 라이브러리는 모든 작업을 단순한 형태로 만들어줄 것이다. 파이썬에서 기본으로 제공하는 단위 테스트 솔루션은 설치하는 데 많은 노력을 기울여야 한다. 무엇보다도, nose를 사용하면 필요로 하는 확장 기능을 찾을 때 빌트인built-in 솔루션을 사용하는 테스트에 언제든 반영시킬 수 있다.

우선 다음 명령어를 이용해 설치를 진행한다.

```
pip install nose
```

pip를 사용해본 적이 없으면, 이번 기회를 통해 파이썬에서 신규 라이브러리를 설치하는 간단한 방법을 익히기 바란다.

이제, 'hello world' 같은 예제처럼 클래스를 하나 만들어보자. 이 클래스는 '무언가 숫자를 하나 추측해내는 데 앞 단계에서 얻은 추측값을 사용하는' 기능을 한다. 생각해볼 만한 가장 간단한 코드 예제 중 하나다. 이를 대상으로 앞에서 학습한 TDD 사이클을 사용하고, 약간 수고스러울 수 있는 세부 작업에 대해서 우리의 첫 번째 테스트를 만들 것이다. 우리의 첫 번째 테스트가 성공하고 학습했던 것들이 구체적인 결과로 나타나면, 우리가 만든 테스트를 자세히 분석해보자.

우선, 실패 테스트를 하나 작성해야 한다. 다음과 같이 가장 간단한 실패 테스트를 생각해봤다.

```
def given_no_information_when_asked_to_guess_test():
  number_guesser = NumberGuesser()
  result = number_guesser.guess()
  assert result is None, "Then it should provide no result."
```

assert를 위한 컨텍스트는 테스트 이름 내에 포함되어 있다. 테스트 이름을 읽어보면 assert 이름이 이 테스트가 어떤 것인지를 잘 설명하고 있음을 알 수 있다. 이 테스트에서 NumberGuesser 객체를 초기화한 점에 주목하기 바란다. 이 클래스는 아직 이름만 있는 상태이므로, 여러분은 모든 과정을 꼼꼼하게 확인해야 한다. 다시 말하면, 현재는 "이걸 이렇게 사용하겠다."라고만 해놓은 것과 같다. 따라서 맨 처음 시작하기에 가장 좋은 상태로 볼 수 있다. 왜냐하면 이 클래스가 현재 없으니, 테스트 결과가 당연히 실패할 것 같지 않은가? 이제 이렇게 가정한 게 맞는지 실제로 테스트해보자.

테스트를 실행시키기 위해, 테스트 파일명이 _tests.py로 끝나는지 확인하기 바란다. 위의 코드가 포함된 디렉토리에서 다음 명령어를 실행시킨다.

```
nosetests
```

이 테스트를 실행시키면, 다음과 같은 결과가 나타난다.

```
E
========================================================================
ERROR: number_guesser_tests.given_no_information_when_asked_to_guess_t
est
------------------------------------------------------------------------
Traceback (most recent call last):
  File "/Users/justin/Envs/default/lib/python2.7/site-packages/nose/ca
se.py", line 197, in runTest
    self.test(*self.arg)
  File "/Users/justin/Documents/Code/Machine-Learning-Test-by-Test/Cha
pter 1/number_guesser_tests.py", line 2, in given_no_information_when_
asked_to_guess_test
    number_guesser = NumberGuesser()
NameError: global name 'NumberGuesser' is not defined

------------------------------------------------------------------------
Ran 1 test in 0.002s

FAILED (errors=1)
```

화면에 많은 메시지가 나왔다. 하지만 이들 중 뒷부분에 중요한 정보가 있다. 이 메시지에는 NumberGuesser가 아직 없다고 나와 있는데, 이는 우리가 코드를 아직 작성하지 않았기 때문이고, 예상했던 그대로 나온 것이다. 이 책 전반에 걸쳐 테스트 결과로 나타날 에러 메시지 리스트stack trace를 줄여나갈 것이다. 앞으로는 내용을 잘 이해했는지 확인하기 위해 상세한 사항들을 기록할 것이다. 지금 우리는 TDD 사이클에서 빨간색 상태에 있다.

1. 다음으로, NumberGuesser.py라는 이름의 파일에 다음과 같은 클래스를 생성한다.

   ```
   class NumberGuesser:
       """입력 히스토리를 이용해 숫자를 추측해낸다"""
   ```

2. import NumberGuesser 문을 이용해 테스트 파일의 맨 위에 신규 클래스를 임포트한다.

3. nosetests를 재실행시키면, 다음과 같은 메시지가 나온다.

   ```
   TypeError: 'module' object is not callable
   ```

이런! 클래스 임포트를 제대로 안 했나보다. 이건 작은 스텝이긴 하지만 우리의 테스트가 일관성 있게 나아가는 데 매우 중요한 역할을 한다. 이런 점들에 스트레스를 받지 않도록 꼼꼼히 해 나가자. 다음 장부터는 이런 것들을 이 정도까지 상세히는 아니겠지만, 되도록이면 가능한 한 많이 짚고 넘어갈 생각이다.

4. import 문을 다음과 같이 바꾼다.

```
from NumberGuesser import NumberGuesser
```

5. nosetests를 다시 실행시키면, 다음처럼 메시지가 나타날 것이다.

```
AttributeError: NumberGuesser instance has no attribute 'guess'
```

6. 에러 메시지가 바뀌었다. 즉, 새로 수정할 부분이 생겼다는 뜻이다. 여기서 테스트 통과에 필요한 것을 구현하기만 하면 된다.

```
class NumberGuesser:
    """입력 히스토리를 이용해 숫자를 추측해낸다"""
    def guess(self):
        return None
```

7. nosetests를 다시 실행시키면, 다음과 같은 결과가 나타날 것이다.

```
.
----------------------------------------------------------------------
Ran 1 test in 0.002s

OK
```

자, 이렇게 해서 첫 번째 테스트가 성공적으로 끝났다! 이 테스트 과정 중 너무 시시해 보여서 꼭 이걸 해야 하나 싶은 것들도 있었다. 솔직히 말해, 그런 것들이 시간 낭비일 수도 있다. 이런 것들은 얼마나 세세하게 작업을 하느냐에 따라 작업 수준을 결정하면 된다. 앞으로 발생할 수 있는 논쟁에 효과적으로 대응하기 위해 되도록이면 각 작업 단위를 작게 유지하는 것이 좋다. 이렇게 하면 TDD상에서 어느 단계까지 와 있는지, 그 다음 단계는 어떤 것들이 있는지 설명하기에 충분하니까 말이다. 우리는 엄청나게 규모가 크고, 통제하기도 어려운 단계들을 어떻게 코드로 작성해야 하는지 잘 알고 있다. 상세 모듈 형태로 코딩하는 기법을 익히는 것은 일부러라도 연습해야 하며, 그만큼 가치 있는 일이다. 이제 우리가 했던 첫 번째 테스트에서 어떤 것들을 했는지 알아보자.

테스트 상세 분석

개념 수준에서 시작해서 파이썬과 작업 과정에서 결과를 어떻게 주고받았는지 다시 한 번 생각해보자. 그저 테스트를 만들고 파이썬은 테스트했던 클래스가 없다고 에러 메시지를 리턴했었다. 그 다음 단계로, 클래스를 생성했지만 파이썬은 제대로 클래스 임포트를 하지 않았다고 에러 메시지를 리턴했다. 그래서 여기에 맞추어 클래스를 임포트시켰으나, 파이썬은 guess 메소드가 없다고 다시 한 번 에러 메시지를 리턴했다. 이에 대해 테스트에서 예상했던 방법을 구현해 반영시켰고, 그 결과 파이썬의 에러 메시지는 더 이상 나타나지 않았다.

이것이 TDD가 추구하는 방식이다. 즉, 여러분과 여러분의 컴퓨터가 대화를 하듯 작업을 진행하는 것이다. 작업하기 좋은 정도로 단계를 나누어 작업하면 된다. 앞에서 했던 것들은 다 건너뛰어도 된다. 하지만 맨 처음 단계에서 했던 파이썬 클래스 작성과 이 클래스를 올바르게 임포트시키는 작업은 꼭 해야 한다. 여러분이 일종의 '시스템과의 대화' 없이 작업을 해나갈수록, 가능한 한 단순하게 작업하려 했던 당초 계획에서 점점 멀어질 것이다.

첫 번째 샘플 테스트를 모듈화할 수 있도록 좀 더 깊이 들여다보고 해부해보자. 앞에서 얘기하진 않았지만, 여러분이 작성하는 모든 테스트에서도 되새겨보도록 첫 번째 샘플 테스트를 작업 단위별로 나누어보았다.

```
def given_no_information_when_asked_to_guess_test():
    # 주어진 조건
    number_guesser = NumberGuesser()
    # 언제
    guessed_number = number_guesser.guess()
    # 그러고 나면
    assert guessed_number is None, 'there should be no guess.'
```

주어진 조건

이 절에서는 테스트의 내용을 작성한다. 앞에서 다룬 샘플 테스트에서 객체에 대해 어떤 사전 정보도 나타나지 않았다. 다양한 머신 러닝 테스트에서, 이는 테스트 과정 중 매우 복잡한 부분이 될 것이다. 예를 들면, 임의의 데이터를 읽어들이거나, 때때로 데이터에 포함된 특정 사항을 이슈화하거나, 우리가 예상하는 특정 사항을 처리할 소프트웨어를 테스트하는 것 등이다. 테스트 과정 중 우리가 이 섹션에 대해 생각할 때는 "이러이러한 시나리오가 주어지면Given..."과 같이 문구를 써보기 바란다. 우리가 다룬 샘플 테스트를 예로 들면, "NumberGuesser에 대한 사전 정보가 주어지지 않았다면Given no prior information..." 정도가 될 것이다.

언제

이 부분은 테스트의 가장 단순한 측면 중 하나일 것이다. 여러분이 '주어진 조건'에서 테스트 내용을 작성했다면, 테스트하려는 동작이 시작되게 하는 단순 액션action이 있어야 할 것이다. 테스트 과정 중 이 섹션은 "...한 것들이 일어날 때When" 형태로 작성하기 바란다. 앞에서 다룬 샘플 테스트를 예로 들면, "NumberGuesser가 숫자 하나를 추측했을 때When"라고 쓸 수 있을 것이다.

그러고 나면

이 부분에서는 변수와 (가능한 경우) 리턴 결과 등의 상태를 확인한다. 이 절은 테스트가 무척 단순하다. 테스트에서 객체에 대한 변경사항을 일으키는 딱 한 개짜리 액션만 있기 때문이다. 이렇게 되는 이유는 예를 들어 어떤 테스트에 2개의 액션이 필요하다면, 이는 결국 관련 분야에서 의미있는 용어로 설명할 수 있는 하나의 액션으로 합치려고 할 가능성이 높기 때문이다. 좋은 예로, 파일에서 학습용 데이터를 불러와서 분류분석기classifier를 학습시키는 작업을 생각해볼 수 있다. 만약 이를 위한 작업량이 너무 많다면, 파일로부터 데이터를 불러들이는 메소드 한 개를 만들기만 하면 된다.

이 책을 학습하다보면, 결과가 어떤 특정 방식으로 바뀌어야 하는지 결정해야 하는 데 도움이 될 만한 함수가 필요할 것이다. 이를테면, 코드 스멜code smell과 같은 것들이 대표적인 예다. 앞서 했던 테스트를 다시 한 번 생각해보자. 우리가 코드에 추가해야 했고, 결과를 이해해야 했던 것들은 결국 테스트하는 코드 속에 모두 포함되어 있을 것이다.

'주어진 조건Given, 언제When, 그러고 나면Then'은 TDD에서 꼭 지켜야 하는 요구사항은 아니다. 우리가 앞에서 다룬 TDD의 정의에는 2개만 가지고 작성되었기 때문이다(코드에서 필요했던 건 실패 테스트와 중복을 제거하는 것 정도였다). 그렇더라도 이 책에서는 이러한 규약을 지키기로 하자. 이유는 다음과 같다.

- 이 책 전반에 걸쳐 규약을 따르면 읽기가 훨씬 수월해진다.
- 이 규약은 TDD 사용 관점에서 패턴을 찾아내려고 노력한 수많은 사람들의 고민을 집대성해 얻은 결과다. 테스트를 어떻게 시도하면 될지에 대해 바꾼 기술이고, 이 책에서는 이 규약을 사용할 것이다.

조금만 열정이 있으면 충분히 할 수 있는 것이다. 만약 이 문구가 여전히 거부감이 든다면, 머릿속으로 다음과 같이 바꿔서 생각해보기 바란다. "정리하라Arrange, 액션을 취한다Act, 어서선한다Assert(또는 '주장'한다)" 마지막으로 왜 이렇게 구체적이고, 정교한 단어를 사용하는지에 대해 생각해보자.

머신 러닝에 TDD 적용

이제, 여러분은 TDD가 어떻게 머신 러닝에 사용될지, 회귀분석regression 또는 분류분석classification 문제에 TDD를 사용할 수 있는지 등에 대해 매우 궁금할 것이다. 모든 머신 러닝 알고리즘에는 여러분이 하는 작업에 대해 정량적이고 정성적 관점에서 측정하는 방법이 있다. 예를 들면, 선형 회귀분석linear regression에서는 '조정된 결정계수(adjusted R^2)' 값이 있다. 또한 분류분석 문제에서는 ROCReceiver operating characteristic 곡선(또는 곡선 아래 영역의 면적)값, 분류행렬Confusion matrix(혼동행렬이라고도 함) 등이 있다. 이들은 정량적 수치로 테스트가 가능한 것들이다. 한 가지 주의할 점은 이러한 정량적 측정치들이 해당 알고리즘에 대해 좋다, 나쁘다를 결정해 알려주지는 못한다는 것이다.

자, 이제 완전 초보 수준 내지는 무식할 정도로 단순한 알고리즘을 만들어서, 문제 해결을 위한 작업을 시작해보자. 리턴값으로 받을 스코어는 보통 결과, 이전 결과,

무작위로 생성된 결과를 나타낸다. 일단 무작위로 생성된 결과 스코어보다 나은 결과를 내는 알고리즘을 만들면, 그 다음부터는 가장 높은 스코어를 얻을 때까지 계속 반복해서 시도하기만 하면 된다. 알고리즘 벤치마크 테스트를 통해 조금 더 깊이 있게 알아볼 수 있을 것이다.

이 책에서 무작위로 생성된 결과 스코어를 찾는 아주 단순한 알고리즘을 구현할 것이다. 또한 이 분석 모델이 다른 곳에도 쓰일 수 있도록 테스트 패키지test suite 형태로 만들 것이다. 이렇게 하면 우리가 앞에서 파이썬을 가지고 했던 것과 같은 방식으로 우리가 만든 머신 러닝 분석 모델에도 대화형 방식을 사용할 수 있게 될 것이다.

머신 러닝 개발 전문가에게 테스트와 관련해 가장 이상적인 측정치는 기댓값(예: 수익profit)에 대해 위험요소(예: 금융관련 위험 노출도monetary exposure)를 비교하는 수익 모델이라고 할 수 있다. 이는 우리가 감당할 수 있는 에러가 어떤 것들이 있는지, 얼마나 많은지를 잘 볼 수 있게 해준다. 머신 러닝에서 완벽한 분석 모델은 아직까지는 없기 때문에 가능한 한 '제일 좋은' 분석 모델을 찾아내야 한다. 여러분이 금융에 관련된 가설을 어떻게 분석 모델로 만드는지를 알아가면, 분석 모델 간에 어떤 것이 좋은지 결정하는 데도 많은 도움이 될 것이다. 이 책 전반에 걸쳐 이와 관련된 내용을 다룰 계획이니, 열심히 학습해주기 바란다.

확률적 속성 문제 해결

알고리즘에서 확률적 속성Randomness을 다룬다는 것은 TDD를 어떻게 사용할지 배우고 있는 사람들에게는 매우 막막하게 느껴질 수도 있다. TDD는 최종 결과가 정해져 있고, 과정도 예상한 대로며, 통제가 가능하기 때문에 (확률 프로세스에서 설명하는 것처럼) 초기 단계에서 어떤 육감 같은 것에 의존하는 동작이란 게 TDD에서는 불가능하게 생각될 수도 있다. 하지만 이래서 TDD가 주목받는 것 아니겠는가. 어떻게 하면 되는지 알아보자.

우리가 앞에서 다루었던 NumberGuesser 예제를 다시 보자. 여기에 요구사항을 추가해 사용자가 생각한 숫자를 임의로 선택하게끔 할 것이다. 아무렇게나 하는 게 아니라 가장 그럴듯한 숫자를 선택하도록 말이다.

이렇게 하려면, 우선 이전 숫자가 뭐였든지 간에 '사용자가 생각한 숫자를 추측해 보라'고 할 때마다 NumberGuesser가 매번 숫자를 추측하게 해야 한다. 이것을 테스트하는 코드는 다음과 같다.

```
def given_one_datapoint_when_asked_to_guess_test():
  # 주어진 조건
  number_guesser = NumberGuesser()
  previously_chosen_number = 5
  number_guesser.number_was(previously_chosen_number)
  # 언제
  guessed_number = number_guesser.guess()
  # 그러고 나면
  assert type(guessed_number) is int, 'the answer should be a number'
  assert guessed_number == previously_chosen_number, 'the answer
should be the previously chosen number.'
```

이것은 클래스에 변수값을 설정하기만 하면 되는 간단한 테스트다. 이전 입력값을 근거로 예측하는 것은 나름 타당성을 지닌다. 시작 단계에서 할 수 있는 가장 단순한 예측 방법이라고 할 수 있다.

여기서 테스트를 실행시키면, 실패했다고 결과가 나타날 것이다. 테스트를 통과했다면 코드는 다음처럼 되어 있을 것이다.

```
class NumberGuesser:
  """입력 히스토리를 이용해 숫자를 추측해낸다"""
  def __init__(self):
    self._guessed_numbers = None
  def number_was(self, guessed_number):
    self._guessed_number = guessed_number
  def guess(self):
    return self._guessed_number
```

이 테스트를 통과시키기 위해 모든 리팩토링 방안을 생각해볼 수 있다. 이 코드는 여전히 짧고 단순하니, 일단 이 상태를 유지하자. 다음으로 NumberGuesser가 최종 단계의 추측값만 고려하는 게 아닌, 앞에서 추측했던 숫자들 전체 중 하나를 임의로 선택하게 하려고 한다. 즉, 추측값이 이전에 검토했던 숫자들 중 하나라는 것을 확인하는 것에서 이 테스트를 시작할 것이다.

```python
def given_two_datapoints_when_asked_to_guess_test():
  # 주어진 조건
  number_guesser = NumberGuesser()
  previously_chosen_numbers = [1,2,5]
  number_guesser.numbers_were(previously_chosen_numbers)
  # 언제
  guessed_number = number_guesser.guess()
  # 그러고 나면
  assert guessed_number in previously_chosen_numbers, 'the guess
should be one of the previously chosen numbers'
```

이 테스트를 실행시키면 새로운 실패 결과가 나타날 것이다. 나는 이 테스트가 제대로 동작하도록 하려니 너무 귀찮아서, 시간을 대폭 절약할 수 있도록 아이디어를 냈다. 대단한 건 아니고, 새로 메소드를 만들고 리스트의 첫 번째 엘리먼트로 받게 하면 된다.

```python
class NumberGuesser:
"""입력 히스토리를 이용해 숫자를 추측해낸다"""
def __init__(self):
  self._guessed_numbers = None
def numbers_were(self, guessed_numbers):
  self._guessed_number = guessed_numbers[0]
def number_was(self, guessed_number):
  self._guessed_number = guessed_number
def guess(self):
  return self._guessed_number
```

뭔가 목적을 달성하는 데는 역시 '게으름 정신laziness'이 최고인 것 같다. 게으름은 어떤 문제를 해결할 때 지나치게 공학적 마인드로 접근하지 않도록 우리를 보호해주고, 우리가 만들고 있는 테스트 솔루션을 좀 더 견고하게 다져주는 것 같다. 이는 문제를 좀 더 빠르게 해결해주고, 가급적 극단적인 케이스의 테스트를 하지 않도록 해주기 때문이 아닌가 한다.

자, 이제 매번 같은 숫자를 선택하지 않아도 되게끔 어서션assert을 하려고 한다. 항상 다른 숫자를 만들어내지는 못하고, 같은 숫자가 일부 섞여 있을 것이다. 이를 테스트하기 위해 테스트 코드를 리팩토링하고 새로운 어서션을 다음과 같이 추가할 것이다.

```
def given_multiple_datapoints_when_asked_to_guess_many_times_test():
  # 주어진 조건
  number_guesser = NumberGuesser()
  previously_chosen_numbers = [1,2,5]
  number_guesser.numbers_were(previously_chosen_numbers)
  # 언제
  guessed_numbers = [number_guesser.guess() for i in range(0,100)]
  # 그러고 나면
  for guessed_number in guessed_numbers:
    assert guessed_number in previously_chosen_numbers, 'every
guess should be one of the previously chosen numbers'
  assert len(set(guessed_numbers)) > 1, "It shouldn't always guess
the same number."
```

테스트를 실행시키면, It shouldn't always guess the same number라는 실패 메시지가 리턴될 것이다. 테스트 목표에 딱 맞는 메시지다. 이 테스트는 다른 테스트의 실패를 유발할 가능성이 있으므로, 모든 테스트가 초록색 상태가 되게끔 가장 단순하게 작업을 하려고 한다. 다음 코드는 그 결과다.

```
  import random
class NumberGuesser:
  """입력 히스토리를 이용해 숫자를 추측해낸다"""
  def __init__(self):
    self._guessed_numbers = None
  def numbers_were(self, guessed_numbers):
    self._guessed_numbers = guessed_numbers
  def number_was(self, guessed_number):
    self._guessed_numbers = [guessed_number]
  def guess(self):
    if self._guessed_numbers == None:
     return None
    return random.choice(self._guessed_numbers)
```

이 테스트를 통과시키는 방법은 여러 가지가 있다. 우리는 이제 막 시작했기 때문에 이런 방식으로 해결한 것이고, 이 정도면 괜찮은 방법이라고 본다. 그런데 여기서 리팩토링이 필요하다면? 각 메소드는 guess 메소드 외에는 모두 한 줄밖에 안 된다. guess 메소드도 간단하니까, 일단 이 상태를 유지하기로 하자.

이제, 이전 숫자들을 파악해서 입력하는 number_was를 사용했다면, 이전 숫자를 추측하기만 한다는 점을 생각해보자. 사실 이게 썩 마음에 들진 않는다. 따라서 이 숫자를 잡아내는 새로운 테스트가 필요한 것 같다. 이를 반영한 새로운 테스트를 다음처럼 작성해보자(4번째 버전이다).

```
def given_a_starting_set_of_observations_followed_by_a_one_off_
observation_test():
  # 주어진 조건
  number_guesser = NumberGuesser()
  previously_chosen_numbers = [1,2,5]
  number_guesser.numbers_were(previously_chosen_numbers)
  one_off_observation = 0
  number_guesser.number_was(one_off_observation)
  # 언제
  guessed_numbers = [number_guesser.guess() for i in range(0,100)]
  # 그리고 나면
  for guessed_number in guessed_numbers:
    assert guessed_number in previously_chosen_numbers + [one_off_
observation], 'every guess should be one of the previously chosen
numbers'
  assert len(set(guessed_numbers)) > 1, "It shouldn't always guess the
same number."
```

여기서는 맨 마지막 어서션에서 실패한다. 다음 코드를 이용해 테스트를 통과시킬 것이다.

```
import random
class NumberGuesser:
  """입력 히스토리를 이용해 숫자를 추측해낸다"""
  def __init__(self):
    self._guessed_numbers = []
  def numbers_were(self, guessed_numbers):
    self._guessed_numbers = guessed_numbers
```

```
def number_was(self, guessed_number):
    self._guessed_numbers.append(guessed_number)
def guess(self):
    if self._guessed_numbers == []:
        return None
    return random.choice(self._guessed_numbers)
```

이 실패 테스트에 대해 몇 가지 문제가 있다. 단일 관찰변수observation(입력 데이터와 같은 의미) 여러 개의 관찰변수 집합observation set을 둘 다 지원하면 이제까지 나열한 모든 어서션은 성공해야 한다는 점이다. 따라서 다음과 같이 NumberGuesser가 모든 숫자를 최소한 한 번씩은 추측하도록 새로운 테스트를 작성하려고 한다.

```
def given_a_one_off_observation_followed_by_a_set_of_observations_
test():
    # 주어진 조건
    number_guesser = NumberGuesser()
    previously_chosen_numbers = [1,2]
    one_off_observation = 0
    all_observations = previously_chosen_numbers + [one_off_observation]
    number_guesser.number_was(one_off_observation)
    number_guesser.numbers_were(previously_chosen_numbers)
    # 언제
    guessed_numbers = [number_guesser.guess() for i in range(0,100)]
    # 그리고 나면
    for guessed_number in guessed_numbers:
        assert guessed_number in all_observations, 'every guess should
be one of the previously chosen numbers'
    assert len(set(guessed_numbers)) == len(all_observations), "It
should eventually guess every number at least once."
```

이제 최종 코드는 다음과 같은 모습일 것이다.

```python
import random
class NumberGuesser:
  """입력 히스토리를 이용해 숫자를 추측해낸다"""
  def __init__(self):
    self._guessed_numbers = []
  def numbers_were(self, guessed_numbers):
    self._guessed_numbers += guessed_numbers
  def number_was(self, guessed_number):
    self._guessed_numbers.append(guessed_number)
  def guess(self):
    if self._guessed_numbers == []:
      return None
    return random.choice(self._guessed_numbers)
```

기술 관점에서 이 테스트는 임의로 실행되었을 때 실패할 수도 있다. 다만, 이 경우 실패할 확률은 0.5^{100}로, 대략 $7.9 \, x \, 10^{-31}$ 정도 된다. 사실상, 확률이 0이라고 할 수 있다.

개선된 분석 모델의 검증 방법

분석 모델의 성능은 만든 모델의 종류와 목적에 따라 모두 다르게 검증될 수밖에 없다. 이 책에서 다루는 몇몇 머신 러닝 기법의 경우, 각각의 분석 모델 성능을 검증하는 여러 가지 방법이 있다.

분류분석 개요

방금 전 다루긴 했지만, 개념 수준으로 분류분석classification 용어들을 다시 한 번 복습해보자. 지도형 학습supervised learning의 성능을 정량적으로 검증할 때 ROC 커브 값을 사용할 수 있다. 이 값을 얻으려면 1) 커브 아래쪽 전체 영역(AUC)을 계산하거나, 2) 변곡점inflection point의 위치를 파악하거나, 3) 전체 시간 비율에 따라 제대로 분류가 되어야 하는 데이터의 최대치를 설정하면 된다.

또 다른 검증 기법으로 분류행렬confusion matrix(혼동행렬이라고도 함)이 있다. 테스트에 도움이 되도록 행렬 내 임의의 셀에 한계치가 할당되어 있을 수 있다. 아울러, 향후 나타날 문제점을 알아내는 진단 툴로 사용될 수도 있다.

보통 k-fold 교차 검증 기법cross validataion도 많이 사용된다. 교차 검증 기법은 데이터세트에서 임의의 샘플을 추출한다. 이렇게 한 후, 남은 데이터세트를 일정한 크기로 나누고, 여기에 샘플 데이터에서 일정량 만큼씩을 섞어 넣는 기법이다. 그런 다음, 여러 개의 데이터세트 중 하나를 사용해 다음과 같은 작업을 수행할 수 있다. 1) 다른 데이터세트에 대해 개발하거나 2) 데이터가 오버피팅overfitting되지는 않았는지를 검증하거나, 3) 다른 것들이 제대로 분석되었는지를 보기 위해 최종 검토 단계에서 제3의 데이터세트로 사용하는 등이다. 이렇게 분리된 데이터세트 모두 일반적으로 적용 가능한 모델이 개발되었는지 확인하는 용도로 쓰인다. 이를테면, 학습 데이터를 예측하는 것뿐만 아니라 프로덕션 단계에서 멀어지는지 여부 등이다.

회귀분석

선형 회귀분석linear regression의 성능은 보통 '조정된 결정계수(adjusted R^2)'와 이 계수를 측정해 패턴에 맞지 않는 분석 모델의 오차값을 함께 계산해 결정한다. 어떻게 하면 자동화된 테스트 내에서 이것을 할 수 있을까?

조정된 결정계수(adjusted R^2) 값은 대부분의 통계분석 툴에서 제공하고 있다. 분석 모델을 설명하기 위해 데이터 내에 얼마나 많은 변수들이 필요한지를 측정해준다. 모델이 포함하고 있는 가정을 검증하는 것은 상당히 어려운 작업이다. 따로따로 구분되어 있고, 구체적으로 만들어진 여러 개의 테스트를 보는 것보다는 분석 결과인 패턴을 살펴보는 것이 훨씬 쉽다.

결국 어렵다는 얘기인데, 그래도 이와 관련한 다른 몇 가지 테스트 방법이 있다. 어찌보면, 더 쉬우면서도 훨씬 중요한 테스트라고 생각되는데, 바로 교차 검증cross-validataion이다. 교차 검증을 이용하면, 잘못된 결과가 포함된 테스트 데이터를 선택 적용해서 개발, 테스트, 프로덕션 준비 단계에 이르기까지 결정계수(R^2)를 비교해 나갈 수 있다. 계산 결과 중 급격하게 낮아지는 수치가 발견되면, 되돌아가서 다시 반복한다.

클러스터링

클러스터링Clustering(또는 군집분석)은 분류분석 모델과 유사한 분석 방법으로 보면 된다. 따라서 데이터에 대해 교차 검증 기법을 통해 테스트할 수 있다. 교차 검증 기법은 클러스터링 알고리즘에서 특히 효용성이 좋은데, 대표적으로 k-평균 k-means 클러스터링 알고리즘과 같이, 클러스터링 결과가 다양하게 나타나지 않도록(즉, 되도록 일관된 결과를 얻을 수 있도록) 피드백feedback 결과가 클러스터 개수 조정에 반영되는 특성을 지니고 있다. 한 가지 꼭 기억할 것은 교차 검증 기법용 데이터를 계속 바꿔가면서 테스트를 진행할수록, 이전 테스트에서 얻은 학습 결과가 지속되지 않는다는 점이다. 이렇게 함으로써 최종 결과가 좀 더 나은 객관성을 갖게 된다.

분류분석 모델의 정량적 분석

이제까지 학습한 내용을 제대로 이해했는지 확인하는 차원에서, ROC 그래프와 AUC 스코어를 예제를 통해 살펴보자. 파이썬의 scikit-learn 문서를 참고하면 ROC 그래프와 AUC를 계산하는 방법을 알 수 있다. 다음 URL을 참고하기 바란다.

http://scikit-learn.org/stable/auto_examples/model_selection/plot_roc.html

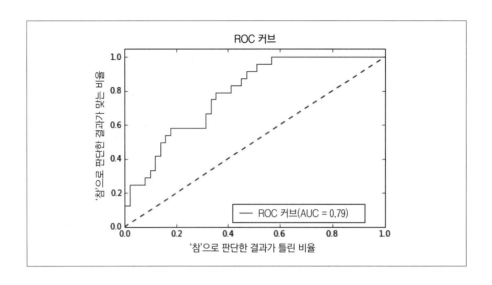

위의 ROC 그래프는 머신 러닝 분야에서는 매우 유명한 붓꽃 데이터iris dataset를 대상으로 분류분석기를 실행해 얻은 결과다. 여기서 참true으로 판단한 결과가 맞는 비율(y-축 값)은 참으로 판단한 결과가 틀린 비율(x-축 값)이 주어졌을 때 그만큼 가능한지 여부를 나타낸다. 예를 들어, 50%의 참으로 판단한 결과가 틀린 비율(x-축 값)로도 괜찮았다면, 90%의 참으로 판단한 결과가 맞는 비율(y-축 값) 정도를 예상할 수 있다. 또한 AUC 비율이 80%이라는 점을 눈여겨보자. 완벽한 분류분석기의 스코어가 100%라는 점을 생각한다면, 이는 매우 높은 수치일 것이다. 그래프에서 점선으로 표시된 것은 별로 좋지 않거나, 또는 아무렇게나 (즉, 전혀 예측을 하지 않고) 분류한 분석 모델의 결과다. 가장 이상적인 분석 모델은 가능한 한 그래프 상에서 왼쪽 상단에 있어야 한다. 여기서는 2개의 결과가 어느 정도 격차를 보이고 있는데, 이 정도면 꽤 성능이 좋다고 볼 수 있다. 분석 모델의 검증 결과를 받아들일지 여부는 문제가 해결되었는지에 달려 있다. 어떻게 그럴까?

우리가 만든 분류분석기를 이용해 어떤 고객이 광고에 잘 반응하는지를 알아내고자 한다면 어떻게 하면 될까? 별로 관심이 없는 고객에게까지 모두 광고를 한다면 사업을 하기가 매우 어려워질 것이다. 즉, 다소 극단적일 수도 있겠지만, "비용이 너무 많이 들기 때문에 참으로 판단한 결과가 틀린 경우를 배제시켜야 한다."고

얘기해볼 수 있다. 음.. 앞에서 본 ROC 그래프 결과로 본다면, 10%-15% 정도의 참으로 판단한 결과가 맞는 경우 정도로만 선별해낼 것이다. 이 예제를 통해, 분석 모델의 성능이 향상될수록 수익이 증가하고, 이에 따라 우리의 상황도 더 좋아질 수 있음을 알 수 있다.

실수로 누군가에게 특정 광고를 잘못 내보낼 경우가 10,000번 중 1번 정도 발생하고, 이로 인해 소송을 당해서 드는 처리 비용이 평균 $25,000 정도라고 가정해보자. 어떤 분석 모델이 더 나아 보이는가? 다음의 그래프는 앞에서 본 ROC 데이터를 그대로 사용했지만, 새로운 매개변수 값을 적용한 결과다.

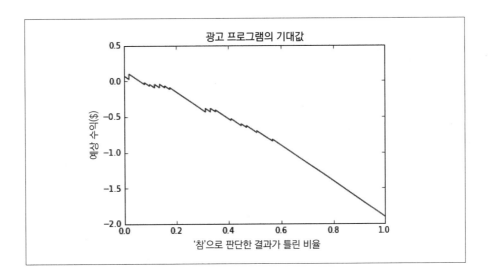

그래프상에서 최대 순이익은 참으로 판단한 결과가 틀린 비율 값이 1.9%쯤일 때로 파악된다. 이전 그래프에서 분류기 성능이 좋은 것으로 나타났음에도, 참으로 판단한 결과가 틀린 경우의 값이 커질수록 이익은 급격하게 감소함을 보여주고 있다. 이 장의 목표였던 단계적인 접근 방법을 통한 코딩 작업에 대해 걱정스러울 수도 있을 것이다. 앞으로는 이런 종류의 그래프는 그냥 만들면 된다. 이런 결과를 이용해 분석 작업을 어떻게 다듬어 나갈지에 대해 계속 배워나갈 것이다.

요약

이 장에서는 TDD와 BDD에 대한 개요를 설명했다. 기본 개념의 설명과 함께, 머신 러닝에 어떻게 적용할지에 대한 기본적인 사항도 알아보았다. 소프트웨어에서 필요로 하는 명세사항을 이해하기 쉽도록 문장을 작성하는 방식도 살펴보았다.

이러한 기본사항을 통해 개념 수준으로 테스팅을 다루었다. ROC 그래프와 AUC 측정치를 이용해 분류기를 정량적 관점에서 사용할 수 있도록 개념을 정립했다. 다른 모델들에 대해서도 이처럼 정량적으로 살펴보면, 이들에 대해 비교해볼 수도 있을 것이다.

이 장을 통해 우리는 테스트 주도 기법을 이용해 머신 러닝을 학습하는 데 필요한 것들을 갖추었다. 다음 장에서는 TDD를 이용해 간단한 퍼셉트론 알고리즘 perceptron algorithm을 만들고 이에 대한 성능도 측정해볼 것이다.

2

퍼셉트론의 개념 기반 테스트

신경망Neural Network 알고리즘은 익숙하게 사용하는 사람들에게조차도 일종의 블랙박스처럼 느껴진다. 특히 이 알고리즘에 내재된 확률적 특성으로 인해 내부적으로 어떻게 동작하는지 파악하기가 더욱 어렵다.

이 장에서는 TDD를 이용한 간단한 신경망 알고리즘을 구현하고, 이를 통해 TDD 스타일의 머신 러닝 알고리즘이 어떤 것인지 학습한다. 이를 통해 이런 알고리즘이 어떻게 동작하는지 더욱 깊이 있게 이해할 수 있을 것이다.

이 장에서 다룰 내용은 다음과 같다.

- 가능한 한 단순한 형태의 퍼셉트론perceptron 모델 개발
- 스프레드시트를 이용해 테스트와 재구성이 가능한 사례 개발
- TDD를 이용한 첫 번째 머신 러닝 알고리즘 개발
- 데이터를 이용한 알고리즘 테스팅

이 장을 학습하기 위해서는 마이크로소프트 엑셀, 리브레 오피스Libre Office, 구글 닥스Google Docs 같은 스프레드시트 프로그램이 필요하다. 이 외에 다른 스프레드시트 제품도 좋다.

시작

퍼셉트론Perceptron은 일종의 바이너리 선형 분류분석기binary linear classifier(데이터를 2개의 그룹으로 분류하는 알고리즘)라고 할 수 있다. 여러 가지 지도형 학습supervised learning 기법과 마찬가지로, 적절한 분류분석 알고리즘에 데이터를 순서대로 입력한다. 충분히 데이터를 입력하면, 퍼셉트론은 분류되지 않은 새로운 데이터에 클래스 레이블을 붙이기 시작한다. 특히, 퍼셉트론은 (선형 분류분석기를 이용해) 데이터를 2개의 그룹으로 가능한 한 정확하게 나눌 수 있는 하이퍼플레인hyperplane을 만드는 형태로 동작한다. 좀 더 쉽게 설명하면 임의의 공간상에 점들이 있다고 가정했을 때, 어떤 분류분석 모델이 가장 잘 맞는지 결정할 때까지 (공간상에서) 어떤 라인을 계속 움직여 보는 것이다.

이 결과를 시각화하려면, 2차원 데이터를 선(곡선, 직선)으로 생각하면 된다.

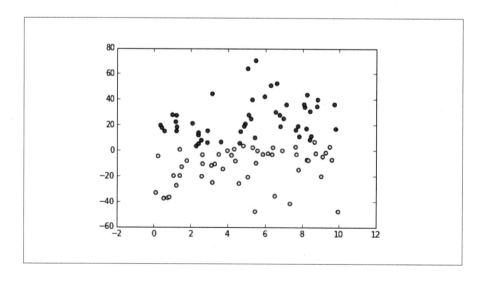

우리는 아주 큰 문제를 가능한 만큼 세분화시키는 예제의 알고리즘 개발에 TDD
를 사용할 계획이다. 나머지 장에서는 기타 구현사항에 필요한 외부 라이브러리에
대해 배우고, 단계적 진행 형태로 머신 러닝 알고리즘을 실행시키는 방법에 대해
알아본다.

전체 알고리즘 개발을 전제로 하지 않고 퍼셉트론을 만들려고 하면, 어디서부터
시작해야 할지 매우 막막할 것이다. 일단 아주 단순한 시나리오를 가지고 시작해
보자. 당연히 제대로 동작하지 않을 시나리오로 말이다. 테스트라는 건 시작하는
것 자체만으로도 가치 있는 일이다. 다음 코드를 이용해 시작해보자.

```
def no_training_data_supplied_test():
  the_perceptron = Perceptron()
  result = the_perceptron.predict()
  nt.assert_none(result, 'Should have no result with no training
data.')
```

이 테스트를 통과시키는 건 무척 간단하다.

```
class Perceptron:
  def predict(self):
    return None
```

이보다 더 간단할 수는 없을 것이다. 다음 단계로 가장 간단한 문제를 이용해 퍼셉
트론을 학습시켜보자.

우리가 수학식 계산에 테스트 주도 기법을 사용하고 있는 게 아니라는 점을 꼭 기
억하기 바란다. 코드 설계에 필요한 알고리즘 지식과 테스트를 통과하는 데 어떤
방법을 사용하는지만 알면 충분하다. 이 경우, 이전 단계로 돌아가서 퍼셉트론 모
델에 숨어 있는 수식을 재계산할 수도 있고, 간단한 컴포넌트를 가장 단순한 형태
로 더 상세하게 쪼개는 방안을 알아봐야 할 수도 있다.

한 가지 방법은 스프레드시트를 이용해 수동으로 계산식을 수행해서 한 줄씩 계
산 결과를 따라가도록 하는 것이다. 앞으로 소개할 예제를 통해 쉽게 할 수 있을
것이다.

	Training rate			0.25				
Iteration	Training 1	Training 2	Training label	Weights 1	Weights 2	Weight 1 update	Weight 2 update	Predicted value
1	1	1	1	0.96897982	0.97171753	0.968979818	0.971717531	1
1	1	0	1	0.96897982	0.97171753	0.968979818	0.971717531	1
1	0	1	1	0.96897982	0.97171753	0.968979818	0.971717531	1
1	0	0	0	0.96897982	0.97171753	0.968979818	0.971717531	0

스프레드시트의 각 행은 퍼셉트론을 위한 학습 과정에서 단계별로 수행된다. Weights 1과 Weights 2 열에 임의의 작은 수를 채워넣는다. Weight 1 update 와 Weight 2 update는 학습 데이터를 고려해 예상한 가중치다. 수학적으로 표현하면, 다음처럼 형태로 나타낼 수 있다(마슬랜드Marsland의 『Machine Learning: An Algorithmic Perspective』 참고).

$$w_{i+1,j} = w_{i,j} + \eta * w_{i,j} * \left(t_j - p_j\right)$$

이 수식을 일반적인 표현으로 설명하면 다음과 같다. 업데이트된 가중치($w_{i+1,j}$)는 현재 가중치에 3개의 변수(학습 비율(η), 현재의 가중치($w_{i,j}$), 학습 값(t_j)과 현재 이미 학습된 예측치(p_j)의 차이)를 곱해 얻은 값을 더한 것과 같다. 엑셀에서 통용되는 식으로 설명하면 다음과 같다.

	A	B	C	D	E	F	G	H	I
1		Training rate		0.25					
2									
3	Iteration	Training 1	Training 2	Training label	Weights 1	Weights 2	Weight 1 update	Weight 2 update	Predicted value
4	1	1	1	1	0.96897982	0.97171753	=E4+D1*($D4-$I4)*B4		1

각 행에 있는 가중치는 바로 위의 행에 있는 가중치가 업데이트되면 그에 맞추어 업데이트된다. 이런 식으로 각 행은 퍼셉트론의 가중치를 지속적으로 조정해 나간다.

이 값의 예측치는 (맨 끝에 있는 열에서 계산되는데) 수학적으로 다음과 같이 표현할 수 있다.

$$p_j = \sum w_i * x_i > 0$$

여기서, 조건에 대한 결과가 맞았다면 1, 틀렸다면 0으로 나타날 것이다. 좀 더 현실적으로 스프레드시트의 경우, 이는 다음과 같이 설명할 수 있다.

	A	B	C	D	E	F	G	H	I	J
1		Training rate		0.25						
2										
3	Iteration	Training 1	Training 2	Training label	Weights 1	Weights 2	Weight 1 update	Weight 2 update	Predicted value	
4	1	1	1	1	0.96897982	0.97171753	0.968979818	0.971717531	=IF((B4*E4+C4*F4)>0,1,0)	
5	1	1	0	1	0.96897982	0.97171753	0.968979818	0.971717531	1	
6	1	0	1	1	0.96897982	0.97171753	0.968979818	0.971717531	1	
7	1	0	0	0	0.96897982	0.97171753	0.968979818	0.971717531	0	

반복문 실행은 스프레드시트상에서 행을 반복시키기만 하면 된다. 이 부분을 좀더 복잡하게 생각하면 다음과 같이 할 수 있다. 이 시나리오는 학습 데이터를 통해 한 번만 통과하면 되게끔 되어 있다. 이것은 결국 학습 데이터에서 첫 번째 입력값만 필요로 한다는 뜻인데, 가중치가 업데이트하는 데 맞추어 각 행들의 값이 바뀔 것 같지 않기 때문이다. 테스트를 좀 더 단순화하기 위해 이러한 점을 이용할 수 있다.

이 시나리오에 맞추어 다음과 같이 테스트를 작성해보자.

```
def train_an_OR_function_test():
  the_perceptron = Perceptron([1,1],1)
  the_perceptron = Perceptron([1,0],1)
  the_perceptron = Perceptron([0,1],1)
  the_perceptron = Perceptron([0,0],1)
  nt.assert_equal(the_perceptron.predict([1,1]), 1)
  nt.assert_equal(the_perceptron.predict([1,0]), 1)
  nt.assert_equal(the_perceptron.predict([0,1]), 1)
  nt.assert_equal(the_perceptron.predict([0,0]), 0)
```

이 문제를 해결하려면 우선 엑셀 파일을 통해 알아낸 것을 바로 적용시키는 작업부터 해야 한다. 다음과 같이 해보자.

```
class Perceptron:
  def __init__(self):
    self._weight_1 = 0.20
    self._weight_2 = 0.20
  def train(self, inputs, label):
    input = inputs[0]
```

```
    self._weight_1 = self._weight_1 + .25 * (input[0]- label[0]) *
self.predict(input)
    self._weight_2 = self._weight_2 + .25 * (input[1]- label[0]) *
self.predict(input)
  def predict(self, input):
    if len(input) == 0:
      return None
    return 0 < self._weight_1 * input[0] + self._weight_2 *
input[1]
```

뭔가 느껴지는 게 있는가? 테스트를 통과는 하지만 코드가 깔끔하진 않다. 간결하게 고칠 수도 있는데 말이다. 사실, 다음처럼 코드 대부분을 삭제하고도 테스트를 통과시킬 수 있다.

```
class Perceptron:
  def __init__(self):
    self._weight_1 = 0.20
    self._weight_2 = 0.20
  def train(self, inputs, label):
    pass
  def predict(self, input):
    if len(input) == 0:
      return None
    return 0 < self._weight_1 * input[0] + self._weight_2 *
input[1]
```

이 버전도 테스트를 성공적으로 통과한다. 훨씬 간결하면서도 실제로 예측값 계산만 하게끔 구현되었다. 우리가 만든 시나리오에서 학습 과정은 별로 중요하지 않다. 학습 과정은 테스트 과정에 포함되어 있지만, 구현되어 있지 않기 때문에 테스트를 통과하려면 구현을 해야 하는 부담이 있다. 퍼셉트론에 학습용 입력이 필요할 것으로 보이므로, 메소드가 불필요하다고 해도 지금은 이 상태로 그냥 두기로 하자.

다음으로, 새로운 시나리오를 구현해보자. 다시 말하면, 우리가 알고리즘을 이해한 대로 새로운 케이스를 선택할 것이다. 스프레드시트를 사용 중이면, 단계적으로 복잡도를 높일 수 있도록 간단하고 단순한 시나리오를 생각해보기 바란다. 출력값 두 개 중 최소 하나 이상이 0보다 크면 반응을 보이는 퍼셉트론을 만들어보자. 이에 대해 스프레드시트를 이용해 만든 예제는 다음과 같다.

	A	B	C	D	E	F	G	H	I
1		Training rate		0.1					
2									
3	Iteration	Training 1	Training 2	Training label	Weights 1	Weights 2	Weight 1 update	Weight 2 update	Predicted value
4	1	5	-1	1	0.431	0.02	0.431	0.02	1
5	1	2	-1	0	0.431	0.02	0.231	0.12	1
6	1	0	-1	0	0.231	0.12	0.231	0.12	0
7	1	-2	-1	0	0.231	0.12	0.231	0.12	0
8	2	5	-1	1	0.231	0.12	0.231	0.12	1
9	2	2	-1	0	0.231	0.12	0.031	0.22	1
10	2	0	-1	0	0.031	0.22	0.031	0.22	0
11	2	-2	-1	0	0.031	0.22	0.031	0.22	0
12	3	5	-1	1	0.031	0.22	0.531	0.12	0
13	3	2	-1	0	0.531	0.12	0.331	0.22	1
14	3	0	-1	0	0.331	0.22	0.331	0.22	0
15	3	-2	-1	0	0.331	0.22	0.331	0.22	0
16	4	5	-1	1	0.331	0.22	0.331	0.22	1
17	4	2	-1	0	0.331	0.22	0.131	0.32	1
18	4	0	-1	0	0.131	0.32	0.131	0.32	0
19	4	-2	-1	0	0.131	0.32	0.131	0.32	0
20	5	5	-1	1	0.131	0.32	0.131	0.32	1
21	5	2	-1	0	0.131	0.32	0.131	0.32	0
22	5	0	-1	0	0.131	0.32	0.131	0.32	0
23	5	-2	-1	0	0.131	0.32	0.131	0.32	0

스프레드시트는 앞에서 봤던 수식을 이용해 제작되었다. 첫 번째 행은 초기값 설정을 처리하고 아래로 이어지는 각 행은 바로 윗 행에서 업데이트된 가중치 값을 참조하도록 되어 있다. 스프레드시트상에서 A열~D열은 루프loop 계산용 입력값으로 사용되는데, 실행될 때마다 하나의 행row 단위(예를 들면 A4, B4, C4, D4를 하나로 묶은 형태)로 입력받는다. 이렇게 하는 것이 루프를 실행시키는 가장 쉬운 방법이다.

예제 시나리오가 있으니, 다음 단계 테스트 작성에 이것을 사용하기로 하자. 이 예제는 약간 이상해 보일 수도 있는데, 더미 변수dummy variable를 사용하고 있고 정확한 솔루션에 근접한 답을 얻기 위해 여러 번 반복 실행을 해야 하는 특성을 지니고 있기 때문이다. 더미 변수를 사용하면 분류기가 가운데 지점이 0 근처에 있지 않도록 강제로 설정할 수 있다. 즉, '맞았다'와 '틀렸다' 사이에 있는 구분선의 위치를 조정할 수 있다.

분석 모델을 위해 이미 2가지 입력값을 추가로 적용했으므로, 테스트에 더미 변수를 포함시킨다. 이와 같이 해 반복문이 제대로 돌아가도록 하는 데만 집중할 수 있게 되었다. 일단 상태가 안정적이면 앞으로도 더미 변수를 기본값으로 포함시켜서 리팩토링 작업을 해나갈 계획이다. 이들을 따로 나눈 이유는 업데이트 결과로 인해 다른 테스트가 실패할 경우, 2가지 원인을 한꺼번에 고민하는 대신 해당 실행 시점에 어떤 테스트가 실패했는지를 알 수 있도록 해주기 때문이다.

스프레드시트 시나리오를 통해 만든 테스트 케이스는 다음과 같다.

```
def detect_values_greater_than_five_test():
  the_perceptron = Perceptron()
  the_perceptron.train([
                        [ 5, -1],
                        [ 2, -1],
                        [ 0, -1],
                        [-2, -1],
                        ],
                        [1,0,0,0])
  nt.assert_equal(the_perceptron.predict([ 8, -1]), 1)
  nt.assert_equal(the_perceptron.predict([ 5, -1]), 1)
  nt.assert_equal(the_perceptron.predict([ 2, -1]), 0)
  nt.assert_equal(the_perceptron.predict([ 0, -1]), 0)
  nt.assert_equal(the_perceptron.predict([-2, -1]), 0)
```

다음 코드를 이용해 테스트를 통과시킬 수 있다.

```
class Perceptron:
  def __init__(self):
    self._weight_1 = 0.431
    self._weight_2 = 0.02
  def train(self, inputs, labels):
    for _ in range(4):
      for input, label in zip(inputs, labels):
        label_delta = (label - self.predict(input))
        self._weight_1 = self._weight_1 + .1 * input[0] *
label_delta
        self._weight_2 = self._weight_2 + .1 * input[1] *
label_delta
    def predict(self, input):
      if len(input) == 0:
        return None
      return int(0 < self._weight_1 * input[0] + self._weight_2 *
input[1])
```

생성자 메소드를 자세히 보면, 가중치가 모두 다르게 되어 있다. 이렇게 하면 이 코드가 스프레드시트 예제와 일치하게 되고, 이에 따라 시나리오와 동일하게 동작하게 된다. 결국 가중치에 대해 반복 횟수를 적절하게 정하면 그만큼 가중치 값을 업데이트시킬 수 있게 된다.

리팩토링 관점에서 보면 몇 가지 해야 할 것들이 있다. 이들 중 가장 중요한 사항은 가중치 변수에 대한 이름을 생성하거나, 가중치 변수 각각에 대한 입력값을 처리할 필요가 없도록 하는 것이다. 이 부분을 리팩토링해 입력값의 개수에 대한 제약을 없앤다.

이 테스트에 대한 리팩토링의 첫 번째 단계로, 배열 형태로 되어 있는 가중치 값을 보자.

```
class Perceptron:
  def __init__(self):
    self._weights = [0.431, 0.02]
  def train(self, inputs, labels):
    for _ in range(4):
      for input, label in zip(inputs, labels):
        label_delta = (label - self.predict(input))
        self._weights[0] = self._weights[0] + .1 * input[0] *
label_delta
        self._weights[1] = self._weights[1] + .1 * input[1] *
label_delta
  def predict(self, input):
    if len(input) == 0:
      return None
    return int(0 < self._weights[0] * input[0] + self._weights[1]
* input[1])
```

테스트를 재실행해 성공적으로 통과하는지 확인하기 바란다. 문제없이 잘 되었다면, N개의 입력 변수를 다룰 수 있도록 리팩토링할 준비가 된 것이다. 부가적으로 리팩토링 과정에서 += 연산을 활용해서 다음 예제와 같이 코드를 좀 더 간결하게 다듬어 놓는다.

```
class Perceptron:
  def __init__(self):
    self._weights = [0.431, 0.02]
  def train(self, inputs, labels):
    for _ in range(4):
      for input, label in zip(inputs, labels):
        label_delta = (label - self.predict(input))
      for index, x in enumerate(input):
        self._weights[index] += .1 * x * label_delta
  def predict(self, input):
    if len(input) == 0:
      return None
    return int(0 < self._weights[0] * input[0] + self._weights[1]
* input[1])
```

자, 이제 초기 가중치 설정값을 train 함수로 옮긴다. 이렇게 하면, 입력 변수의 개수에 따라 자동으로 가중치를 생성할 수 있다. 코드의 최종 모습은 다음과 같다.

```
class Perceptron:
  def train(self, inputs, labels):
    self._weights = [0.431, 0.02]
    for _ in range(4):
      for input, label in zip(inputs, labels):
        label_delta = (label - self.predict(input))
        for index, x in enumerate(input):
          self._weights[index] += .1 * x * label_delta
  def predict(self, input):
    if len(input) == 0:
      return None
    return int(0 < self._weights[0] * input[0] + self._weights[1] *
input[1])
```

다음으로 더미 값dummy value인 -1을 퍼셉트론에 넣도록 할 것이다. 이를 위해, 0보다 작은 값을 제거하면 종료하도록 테스트를 수정할 것이다. 그 다음 퍼셉트론 클래스 안에 0보다 작은 값을 넣고 테스트를 통과하는지 확인한다.

```
def detect_values_greater_than_five_test():
  the_perceptron = Perceptron()
  the_perceptron.train([
```

```
                        [ 5, -1],
                        [ 2, -1],
                        [ 0, -1],
                        [-2, -1],
                        ],
                        [1,0,0,0])
    nt.assert_equal(the_perceptron.predict([ 8]), 1)
    nt.assert_equal(the_perceptron.predict([ 5]), 1)
    nt.assert_equal(the_perceptron.predict([ 2]), 0)
    nt.assert_equal(the_perceptron.predict([ 0]), 0)
    nt.assert_equal(the_perceptron.predict([-2]), 0)
```

이제 테스트를 실행시키면, list index out of range라는 에러 메시지가 나올 것이다. 아직 predict 함수의 가중치 값이 하드코딩 상태로 남아 있기 때문이다. 따라서 이 부분을 우선 수정하자. 다음처럼 predict 함수를 리팩토링한다.

```
def predict(self, input):
  if len(input) == 0:
    return None
  weight_input_pairings = zip(self._weights, input)
  weight_input_products = [x[0]*x[1] for x in
weight_input_pairings]
  return int(0 < sum(weight_input_products))
```

테스트를 재실행시키면 실패하는 결과가 나올텐데, 그럴 만한 이유가 있다. 이 테스트가 완벽하게 통과되도록 해보자.

```
class Perceptron:
  def train(self, inputs, labels):
    self._weights = [0.431, 0.02, 0.2]
    dummied_inputs = [x + [-1] for x in inputs]
    for _ in range(4):
      for input, label in zip(dummied_inputs, labels):
        label_delta = (label - self.predict(input))
        for index, x in enumerate(input):
          self._weights[index] += .1 * x * label_delta
  def predict(self, input):
    if len(input) == 0:
      return None
```

```
    input = input + [-1]
    return int(0 < self._weights[0] * input[0] + self._weights[1]
* input[1])
```

학습 함수의 첫 번째 코드 라인에서 더미 변수를 위한 추가 가중치를 강제로 할당
해 놓는 트릭을 썼다. 최초 테스트의 경우 이 가중치 값은 더미 변수를 추가한 적
당한 값으로 바뀔 것이다. 방금 전 테스트 결과에서 추가 가중치는 무시될 수 있는
데, 이유는 변수가 하나밖에 없기 때문이다.

이 테스트를 리팩토링해서 입력값이 N개인 경우에도 적용할 수 있도록 해보자. 사
실 이렇게 하려면 코드 일부를 수정해야 한다.

```
class Perceptron:
  def train(self, inputs, labels):
    dummied_inputs = [x + [-1] for x in inputs]
    self._weights = [0.2] * len(dummied_inputs[0])
    print(self._weights)
    for _ in range(4):
      for input, label in zip(dummied_inputs, labels):
        label_delta = (label - self.predict(input))
        for index, x in enumerate(input):
          self._weights[index] += .1 * x * label_delta
  def predict(self, input):
    if len(input) == 0:
      return None
    input = input + [-1]
    return int(0 < self._weights[0] * input[0] + self._weights[1]
* input[1])
```

입력값을 이용해 가중치를 자동으로 생성시킨다. 신경망 알고리즘 관련 자료를 보
면 가중치를 임의로 생성하도록 되어 있지만, 예기치 않은 문제가 일어날 수도 있
으니 일단 이렇게 두기로 하자.

이번 테스트는 코드가 조금 길다. 임의의 데이터를 생성해 퍼셉트론을 학습한다.
다음 데이터를 추가 생성해 테스트를 수행한다. 단위 테스트에서 퍼셉트론의 정상
작동 여부를 판단하는 최소 기준치에 대해 어서션을 반영시킨다.

```python
import numpy as np
def detect_a_complicated_example_test():
    # 확률 변수를 생성
    n = 100
    inputs = map(list, zip(np.random.uniform(0,100,n),
        np.random.uniform(0,100,n),
        np.random.uniform(0,100,n)))
    labels = [int(x[0] + x[1] + x[2] < 150) for x in inputs]
    the_perceptron = Perceptron()
    the_perceptron.train(inputs, labels)

    n = 1000
    test_inputs = map(list, zip(np.random.uniform(0,100,n),
        np.random.uniform(0,100,n),
        np.random.uniform(0,100,n)))
    test_labels = [int(x[0] + x[1] + x[2] < 150) for x in
test_inputs]

    # 테스트 케이스 생성
    false_positives = 0
    true_positives = 0
    false_negatives = 0
    true_negatives = 0
    for input, label in zip(test_inputs, test_labels):
        prediction = the_perceptron.predict(input)
        if prediction == 1:
            if label == 1:
                true_positives += 1
            else:
                false_positives += 1
        else:
            if label == 0:
                true_negatives += 1
            else:
                false_negatives += 1
    # 테스트에 필요한 충분한 양의 데이터 생성 여부 확인
    nt.assert_equal(false_positives+true_positives+true_negatives+false_
negatives, n)
    correctly_classified = true_positives + true_negatives
    assert correctly_classified > n*.9,  \
        "Perceptron should be much better than random. {0}
correct".format(correctly_classified)
```

이 테스트를 처음 실행시키는 데 몇 가지 문제점이 있다. 첫 번째는 predict 함수가 여전히 특정 조건에서만 동작한다는 점이다. 이는 우리가 3차원(변수 3개짜리) 문제를 다루도록 했기 때문이다. 만약 이 부분에 대해 제대로 일반화가 되면, 새로운 변수에 대해 걱정할 필요가 없을 것이다. 따라서 이 부분을 우선 바꿔보자. predict 메소드를 다음과 같이 수정한다.

```
def predict(self, input):
  if len(input) == 0:
    return None
  input = input + [-1]
  return int(0 < sum([x[0]*x[1] for x in zip(self._weights,
input)]))
```

이제 이 테스트를 다시 실행시키면, 다음 그림처럼 에러 메시지가 바뀌어 있을 것이다.

```
========================================================
FAIL: tests.detect_a_complicated_example_test
--------------------------------------------------------
Traceback (most recent call last):
  File "/Library/Python/2.7/site-packages/nose-1.3.0-py2.7.egg/nose/ca
se.py", line 197, in runTest
    self.test(*self.arg)
  File "/Users/justin/Documents/Code/test-driven-machine-learning/Chap
ter 2 Redux/tests.py", line 75, in detect_a_complicated_example_test
    "Perceptron should be much better than random. {0} correct".format
(correctly_classified)
AssertionError: Perceptron should be much better than random. 1367 cor
rect

--------------------------------------------------------
Ran 5 tests in 0.082s

FAILED (failures=1)
```

우리가 만든 퍼셉트론 분석 모델은 전체 2,500개의 입력 데이터 중 1,367개만 제대로 분류했다. 이건 (동전 던지기처럼) 아무렇게나 분류한 결과와 사실상 별 차이가 없다. 우선 우리가 여태까지 다루지 않았던 이론적theoretical 측면에 대해 생각해봐야 할 것 같다. 테스트하기 전에 우리가 알아본 것 중 하나는 학습 반복 횟수였다. 이제 퍼셉트론의 학습 반복 횟수만 4배로 늘려서 실행시킨다. 이렇게 하면, 실행 시간을 적게 들이면서도 결과가 어떻게 다른지 실험해볼 수 있다. 다음 그래프는 학습 반복 횟수에 따른 퍼셉트론 모델의 정확도가 얼마나 향상되는지를 보여준다.

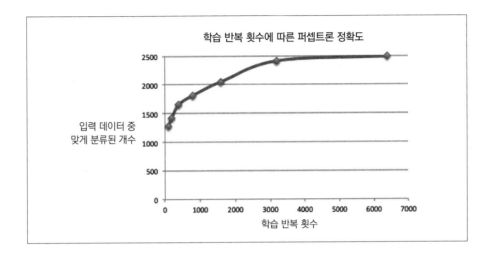

위의 그래프를 통해 무작위로 얻은 값보다 나은 결과를 얻으려면 대략 2,500번 정도는 학습을 반복시켜야 함을 알 수 있다.

요약

이 장에서는 여러 단계를 거쳐 TDD를 이용한 신경망(퍼셉트론) 알고리즘을 개발했다. 이를 위해 우선 스프레드시트에 시나리오를 구체적으로 작성했다. 스프레드시트를 사용하면 퍼셉트론에서 필요한 여러 가지 계산을 따로 할 수 있다. 또한 수학적인 증명 없이 TDD를 사용할 수 있음을 알아보았다. 즉, 퍼셉트론의 성능을 지속적으로 향상시키는 데 필요한 수식을 구현하는 데만 TDD를 사용했다. 이를 통해 퍼셉트론이 어떻게 동작하는지를 더 깊이 있게 이해할 수 있었으면 한다.

다음 장에서는 머신 러닝에 대한 수학적 해결 방법을 알아볼 것이다. 좀 더 구체적으로 설명하면 고객에게 제시할 여러 가지 옵션이 있고, 어느 것이 가장 수익이 좋을지 모르는 상태에서 수익을 극대화하는 솔루션을 개발하려고 한다.

3

Multi-armed bandit
알고리즘을 이용한 문제 해결

이 장에서는 먼저 단순한 알고리즘을 하나 만들고 이 알고리즘에 대한 성능을 측정해보려고 한다. 그런 다음, 이보다 좀 더 지능적인 알고리즘(multi-armed bandit 알고리즘이라고 한다)을 만들어 볼 생각이다. 아울러, 이렇게 개발한 multi-armed bandit 알고리즘의 성능이 얼마나 개선되었는지를 측정하는 몇 가지 테스트도 개발할 계획이다.

bandit의 소개

Multi-armed bandit 문제란 전혀 예상할 수 없는 상황에서 무언가를 선택하는 문제를 말한다. 예를 들어, 여러분 앞에 슬롯 머신이 몇 대 놓여 있는데, 슬롯 머신에서 돈을 딸 수 있는 확률은 모두 다르다고 가정하자(다만 슬롯머신별로 당첨 확률은 고정되어 있다). 이 경우 어떻게 하면 가장 수익을 많이 낼 수 있을까?

대략 이런 식의 문제다. 실제로 전혀 사전 정보 없이 시작해야 하는 상황, 또는 뭔가를 얻기 위해 대비해야 하는 상황 등에 적용되고 있다.

이런 문제를 해결하는 알고리즘을 이해하는 데 매우 중요한 두 가지 개념으로 익스플로레이션exploration과 익스플로이테이션exploitation이 있다. 익스플로레이션에서는 어떤 전략이 주어졌을 때 이에 대해 더 많은 정보를 수집할 수 있는 전략을 선택하기 위해 알고리즘을 활용한다. 익스플로이테이션에서는 현재 활용하고 있는 알고리즘이 성과를 극대화시키기 위해 현재 상태에서 가장 좋은 전략을 시도했을 때 어떤 결과가 나타날지를 의미한다. 대표적인 예로 스플릿 테스팅split testing(A/B 테스팅이라고도 함)이 있는데, 웹사이트에서 많이 쓰이는 기능 중 하나다. 현재 가장 좋은 전략만 선택하는 알고리즘이 있다고 가정하자. 이 알고리즘은 틀에 박힌 듯이 매번 한 가지 전략만 시도할 것처럼 보인다. 이건 결코 최적화되었다고 보기 어렵다. 어떤 전략이 다른 것들보다 더 나은 결과를 보이는 한, 이 알고리즘이 틀에 박힌 상태를 깨기란 사실상 불가능하기 때문이다.

예를 들어, 여러분이 홈페이지에서 방문자 검색 기능을 향상시키는 업무를 맡았다면, 이들이 관심을 보이도록 홈페이지 헤드라인을 만들기 위한 몇 가지 아이디어가 있을 것이다. 여기서 현재 홈페이지에 있는 헤드라인(트리트먼트treatment A)과 다른 두 가지 옵션(트리트먼트 B와 트리트먼트 C)이 있다고 가정하자. 만약 여러분이 어느 트리트먼트를 방문자에게 제공할지 결정해야 한다면, 어떻게 하겠는가? 이를 위해 다음과 같이 해보자(만약 아르바이트를 동원하겠다고 생각했다면, 정말로 단순 무식하고, 좋지 않은 방법이다).

1. 100명의 방문자에게 트리트먼트 A, B, C 중 하나를 제공한다. 이를 익스플로레이션 단계라고 한다.

2. 해당 트리트먼트를 검색한 방문자의 비율을 계산한다.

3. 이제, 그 다음 100명의 방문자에 대해 가장 높은 비율을 보인 트리트먼트를 제공한다. 이를 익스플로이테이션 단계라고 한다.

4. 다시 1단계로 돌아간다.

다시 한 번 얘기하지만 이 접근법은 최적의 해결책은 아니다. 하지만 어떻게 해결하면 좋을지에 대한 설명으로는 충분하다고 본다.

시뮬레이션 기반 테스팅

이 책에서 다루는 주제 중 하나로, 우리가 만든 알고리즘의 성능을 정량적으로 평가하는 데 몬테카를로Monte Carlo 기법을 사용하려고 한다. 이 기술을 이용하면 약간의 시간을 들여서 임의의 데이터를 생성하고, 이를 통해 우리가 만든 알고리즘이 변화를 얼마나 잘 추적해내는지 확인할 수 있을 것이다. 앞 장에서 우리가 만든 테스트 대부분은 결과가 예상되는 테스트 케이스들을 다루었다. 이 장에서는 테스트 케이스들이 (우리가 사용한) 매개변수에 의해 구체적으로 생성될 것이다. 하지만 데이터의 모든 값은 무작위로 생성될 것이다.

맨 먼저, 시뮬레이터를 실행시키기 위해 사용할 프레임워크를 만들어야 한다. 이를 위해, 시나리오가 조금 더 명확해지도록 다듬어야 한다. 시나리오 전체 내용은 다음과 같다.

어떤 웹사이트가 있고, 여기에 헤드라인으로 올릴 만한 3개의 서로 다른 트리트먼트를 테스트하려고 한다. 모든 웹사이트 방문자에게 이 3개의 트리트먼트 중 하나를 임의로 선택해서 테스트를 수행하기로 한다. 우리의 목표는 어느 헤드라인이 가장 성능이 좋고, 그에 따라 가능한 한 그 헤드라인을 많이 사용하면 될지를 알아내기 위해 이 3개의 트리트먼트 전부 다 적극적으로 활용하겠다는 것이다. 주어진 트리트먼트가 방문자의 검색을 유도할 확률은 고정되어 있다고 가정을 단순화시킨다. 또한 웹사이트 방문자가 검색을 변경할 경우 추가 소요 시간은 없다고 가정한다.

여기서는 테스트를 다루는 데 사용할 시뮬레이션 코드를 세세하게 구현하지는 않을 것이다.

간단한 수준에서 시작

우선, 아주 간단한 bandit 알고리즘을 만들어 보자. bandit 클래스에는 choose_treatment와 log_payout 2개의 메소드가 있다. 첫 번째 메소드인 choose_treatment는 가장 좋은 트리트먼트를 선택하도록 추천해주고, log_payout 메소드는 추천받은 트리트먼트가 얼마나 효과가 있었는지 피드백을 받는 데 사용된다.

테스트 주도 관점에서 이 알고리즘에 대한 가장 단순한 접근 방법은 한 개의 트리트먼트만 가지고 시작하는 것이다. 즉, bandit 알고리즘이 추천할 트리트먼트가 하나만 있는 경우다. 테스트 코드는 다음과 같다.

```python
from nose.tools import assert_equal
import simple_bandit

def given_a_single_treatment_test():
  bandit = simple_bandit.SimpleBandit(['A'])
  chosen_treatment = bandit.choose_treatment()
  assert_equal(chosen_treatment, 'A', 'Should choose the only
available option.')
```

다시 한 번, 테스트를 매우 쉽게 통과하도록 단순한 형태로 시작하는 점을 기억하자.

```python
class SimpleBandit:
  def __init__(self, treatments):
    self._treatments = treatments
  def choose_treatment(self):
    return self._treatments[0]
```

이 bandit 알고리즘은 시작 단계라서 일부러 간단하게 만들었다. 다음 단계 테스트에서는 리스트에 있는 첫 번째 트리트먼트를 이용해 익스플로레이션을 시작하는 알고리즘을 알아보자.

```python
def given_two_treatments_and_no_payoffs_test():
  treatments = ['A','B']
  bandit = simple_bandit.SimpleBandit(treatments)
  chosen_treatment = bandit.choose_treatment()
  assert_equal(chosen_treatment, treatments[0], 'Should choose the
first treatment to start')
```

예상한 대로 이 테스트는 문제없이 통과한다. 이제, 익스플로레이션 단계를 잘 통과시키는 데에 집중하자. 이 예제 알고리즘을 트리트먼트별로 5회 수행해서 얻은 결과 중 가장 좋은 것을 선택한다. 그 다음, 다시 돌아가서 트리트먼트별로 다시 5회에 걸쳐 익스플로레이션을 수행한다. 우리는 매우 단순한 전략을 선택할 것이다. 별로 특별한 건 없지만, 처음 시작할 때처럼 작동할 것이다. 우선, 알고리즘이 트리트먼트 A를 5번 선택하는지 확인한다.

```
def given_two_treatments_test():
  treatments = ['A','B']
  bandit = simple_bandit.SimpleBandit(treatments)
  treatments_chosen = []
  for i in range(5):
    chosen_treatment = bandit.choose_treatment()
    treatments_chosen.append(chosen_treatment)
  assert_equal(treatments_chosen.count('A', 5, 'Should explore
treatment A for the first 5 tries')
```

그 다음, 알고리즘이 5번 더 트리트먼트를 선택하도록 한다. 이 결과는 모두 B가 될 것이다. 다음 테스트를 앞에서 했던 테스트와 같이 실행한다.

```
def given_two_treatments_test():
  treatments = ['A','B']
  bandit = simple_bandit.SimpleBandit(treatments)
  treatments_chosen = []
  for i in range(5):
    chosen_treatment = bandit.choose_treatment()
    treatments_chosen.append(chosen_treatment)
  assert_equal(treatments_chosen.count('A'), 5, 'Should explore
treatment A for the first 5 tries')

  for i in range(5):
    chosen_treatment = bandit.choose_treatment()
    treatments_chosen.append(chosen_treatment)
  assert_equal(treatments_chosen.count('B'), 5, 'Should explore
treatment B for the next 5 tries')
```

이 테스트의 후반부를 위해 다음 코드를 이용한다.

```
class SimpleBandit:
  def __init__(self, treatments):
    self._treatments = treatments
    self._selection_count = 0
  def choose_treatment(self):
    self._selection_count += 1
    return self._treatments[(self._selection_count-1) / 5]
```

아이디어를 살짝 반영시켜서, 각 반복 실행 단계에서 최소한 5번은 시도하도록 정수를 나눈 값을 사용한다. 이제 가장 좋은 옵션이 무엇인지 아는 상태에서 알고리즘을 시작할 수 있게 되었다. 이 테스트의 구현 결과는 다음과 같다.

```
def given_two_treatments_test():
  treatments = ['A','B']
  bandit = simple_bandit.SimpleBandit(treatments)
  treatments_chosen = []
  for i in range(5):
    chosen_treatment = bandit.choose_treatment()
    treatments_chosen.append(chosen_treatment)
    bandit.log_payout(chosen_treatment, 0.00)
  assert_equal(treatments_chosen.count('A'), 5, 'Should explore
treatment A for the first 5 tries')

  for i in range(5):
    chosen_treatment = bandit.choose_treatment()
    treatments_chosen.append(chosen_treatment)
    bandit.log_payout(chosen_treatment, 5.00)
  assert_equal(treatments_chosen.count('B'), 5, 'Should explore
treatment B for the next 5 tries')

  for i in range(5):
    chosen_treatment = bandit.choose_treatment()
    treatments_chosen.append(chosen_treatment)
  assert_equal(treatments_chosen.count('B'), 10, 'Should explore
treatment B for the next 5 tries after exploring')
```

이 트리트먼트에 대한 결과는 기록되지 않는다. 따라서 알고리즘은 익스플로레이션의 2번째 라운드가 끝난 후 트리트먼트 B를 유지할지 판단할 것이다. 약간 더복잡한 클래스를 이용해 이것을 통과시킬 수 있다. 완벽한 방법은 아니지만 어느정도 목적은 달성할 수 있다.

```python
class SimpleBandit:
  def __init__(self, treatments):
    self._treatments = treatments
    self._selection_count = 0
    self._payouts = {treatment: 0 for treatment in treatments}
  def choose_treatment(self):
    self._selection_count += 1
    if self._selection_count < 5*len(self._treatments):
      return self._treatments[(self._selection_count-1) / 5]
    else:
      return  max(self._payouts.items(), key=lambda x: x[1])[0]
  def log_payout(self, treatment, amount):
    self._payouts[treatment] += amount
```

이 테스트의 끝부분에, 알고리즘이 익스플로레이션 단계로 되돌아가서 첫 번째 트리트먼트를 시작하도록 어서션을 추가한다. 테스트를 통과시키는 과정에서, 이전코드의 맨 아래 6번째 라인에 굵은 글씨로 된 부분이 살짝 바뀌었으니 참고하기바란다. 전체 코드는 다음과 같다.

```python
class SimpleBandit:
  def __init__(self, treatments):
    self._treatments = treatments
    self._selection_count = 0
    self._exploitation_count = 0
    self._payouts = {treatment: 0 for treatment in treatments}
  def choose_treatment(self):
    self._selection_count += 1
    if self._selection_count <= 5*len(self._treatments):
      return self._treatments[(self._selection_count-1) / 5]
    else:
      self._exploitation_count += 1
      if self._exploitation_count == 5:
        self._exploitation_count = 0
```

```
        self._selection_count = 0
    return sorted(self._payouts.items(), key=lambda x: x[1],
reverse=True)[0][0]
  def log_payout(self, treatment, amount):
    self._payouts[treatment] += amount
```

이를 이용해, 간단한 bandit 알고리즘을 구현했다. 이제 시뮬레이션을 통해 이것이 어떻게 수행되는지 테스트해볼 것이다. 그런 다음, 새로운 방법으로 bandit 알고리즘을 구현해볼 것이다.

실제 환경에서 시뮬레이션

이 절에서 만드는 bandit 알고리즘이 시간에 따라 보이는 성능 변화를 보려고 한다. 여기서 사용할 시뮬레이터를 테스트용으로 돌리지는 않을 것이다. 대신 2개의 서로 다른 multi-armed bandit 알고리즘에 대한 성능의 특성을 시각화해 비교하는 기회로 이 시뮬레이터를 이용하려고 한다. 코드를 통해 어떻게 개념이 다른지 설명할 것이다. 다음 코드를 통해 시뮬레이션이 수행될 실험 환경을 구축한다. BanditScenario를 초기화하고, 트리트먼트 A, B, C의 초기값도 설정한다. 이렇게 해서 실험에서 각각 어떻게 동작하는지 가이드를 제공한다.

```
simulated_experiment = BanditScenario({
  'A': {
    'conversion_rate': .05,
    'order_average': 35.00
  }, 'B':{
    'conversion_rate': .06,
    'order_average': 36.00
  }
})
```

이 코드는 다음과 같은 의미를 담고 있다. '트리트먼트 A에 대해 웹사이트 방문자가 변경할 가능성은 5%다. 방문자가 주문을 할 경우, 평균 주문액수는 $35.00다 (이하 생략)'. BanditScenario는 난수random number를 발생시키고, 그 결과를 추적하는 기능을 처리한다. 또한, 각 트리트먼트에서 발생한 사항과 우리가 선택한 과정에서 일어나는 사항에 대해서도 로그log를 남긴다. 이것이 어떻게 앞의 절에서 본 알고리즘과 함께 엮이고, 이를 통해 더욱 정교해지는지 알아보자.

```python
simple_bandit = SimpleBandit(['A', 'B'])

for visitor_i in range(500):
  treatment = simple_bandit.choose_treatment()
  payout = simulated_experiment.next_visitor(treatment)
  simple_bandit.log_payout(treatment, payout)
plt.title('Money made by different strategies')
plt.xlabel('Visitor #')
plt.ylabel('Total $ made')

plt.title('Money made by different strategies')
plt.xlabel('Visitor #')
plt.ylabel('Total $ made')

plt.plot(np.array(simulated_experiment._bandit_payoffs).
cumsum(),label='Bandit')
plt.plot(np.array(simulated_experiment._scenario_payoffs['B']).
cumsum(), label='Treatment B')
plt.plot(np.array(simulated_experiment._scenario_payoffs['A']).
cumsum(), label='Treatment A')
plt.legend(bbox_to_anchor=(1.05, 1), loc=2, borderaxespad=0.)
```

우선, SimpleBandit을 초기화한다. 아울러, 실험에서 사용하는 트리트먼트 이름을 만들어서 웹사이트에 어느 트리트먼트를 언제 적용할지 알 수 있도록 한다. 다음으로, 총 500명의 웹사이트 방문자를 순차적으로 생성한다. 방문자별로, choose_treatment를 콜call해서 bandit 알고리즘이 방문자의 화면에 제공할 트리트먼트(즉, 헤드라인)를 제시하도록 할 것이다.

그런 다음, simulated_experiment는 bandit_scenario에서 트리트먼트 next_visitor에 어떤 결과가 나타날지 알려줄 것이다. 이를 이용해 이 시나리오는 웹사이트 방문자를 통해 얻은 수익을 리턴한다. 그리고 이를 simple_bandit으로 다시 넘길 것이다. 이렇게 해서 수익을 창출해내는 능력을 배우고, 향상시킬 수 있다. 그리고 시각화한 결과를 통해 각각의 차이를 이해하기 쉽도록 그래프로 생성할 것이다. 그래프는 다음 그림과 같다.

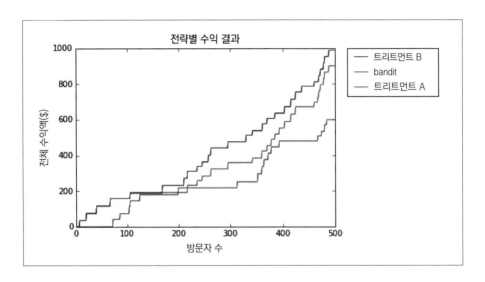

오! 그래프가 만들어졌다. 여기서 어떤 걸 파악할 수 있을까? 그래프 3개 중 맨 위에 있는 것(트리트먼트 B)은 쉽게 설명이 된다. 트리트먼트 B는 고객이 변경할 확률이 6%고, 변경할 때마다 수익이 발생한다. 결과적으로 누적 수익이 다른 2개의 방안과 비교해 거의 모든 경우에 있어 높게 나타났다. 트리트먼트 A는 고객이 변경할 확률이 낮게 나타났으며, 이는 고객이 주문을 했을 때 수익이 낮음을 의미한다. 따라서 가장 비효율적인 트리트먼트라고 볼 수 있다. 우리가 설계했던 대로, SimpleBandit 클래스는 각 실행 단계가 끝나는 시점에 어느 트리트먼트를 복사할지를 학습하고, 가장 좋은 트리트먼트를 기반으로 누적 수익을 내도록 되어 있다. 만일 누군가가 트리트먼트 B가 가장 좋은 방안임을 알고 있었다면, 3개의 그래프 중 맨 위에 있는 것이 생각했던 결과와 잘 부합함을 나타낸다고 볼 수 있다. 즉, 이건 가장 이상적인 최대 결과치다. 마찬가지로, 트리트먼트 A는 최소치 내지는 가장 안 좋은 방안이라고 할 수 있다. 예상한 대로 우리가 만든 bandit 알고리즘은 2개의 트리트먼트 중간쯤에 해당하는 성능을 보였다. 이 간단한 알고리즘의 경우, 실행할 때마다 성능이 들쭉날쭉하게 나타날 것이다. 알고리즘의 성능이 일관성을 갖도록 개선시킬 수 있는 방안에 대해 더 깊이 있게 알아보자.

Randomized probability matching 알고리즘

Randomized probability matching bandit 알고리즘이란 베이지안 통계 분석Bayesian statistics 기반 접근법 중 하나로, 1) 우리가 선택할 수 있는 게 어떤 것들이 있는지 알아내야 하거나, 2) 좋은 성과를 목표로 최적의 선택을 하려고 할 때 가능한 모든 경우를 다 시도해보는 문제 등에 적용될 수 있다. 이 알고리즘은 성과에 대한 확률상의 평균mean을 나타내는 확률 분포를 샘플링해 동작한다. 데이터 양이 많을수록, 예상되는 평균에 대한 분산 분포값variance of the possible means의 폭은 급격하게 작아진다(즉, 변동폭이 좁아진다). 이 장에서 이 알고리즘이 어떻게 동작하는지 상세하게 학습할 것이다.

예를 들어, 우리가 어떤 시뮬레이터를 실행시킨다고 가정하자. 다음 코드는 정규 분포normal distribution를 따르는 100개의 샘플 데이터에서 반복적으로 샘플을 추출해 평균을 계산한 결과를 히스토그램으로 만들어낸다.

```
plt.title('Distribution of means for N(35,5) distribution (sampling
100 vs 500 data points)')
plt.xlabel('')
plt.ylabel('Counts')

plt.hist([np.random.normal(loc=35, scale=5, size=100).mean() for i in
range(2500)], label='100 sample mean')
plt.hist([np.random.normal(loc=35, scale=5, size=500).mean() for i in
range(2500)], label='500 sample mean')
plt.legend(bbox_to_anchor=(1.05, 1), loc=2, borderaxespad=0.)
```

이 코드를 실행시키면 다음과 같은 그래프를 얻을 수 있다.

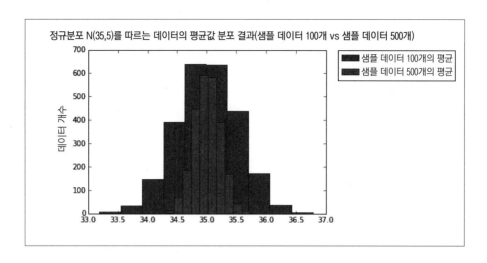

정규분포 N(35,5)를 따르는 데이터의 평균값 분포 결과(샘플 데이터 100개 vs 샘플 데이터 500개)

이 그래프를 통해 알 수 있는 것은 다음과 같다. 만약 샘플 데이터 500개의 평균값에 대한 확률 분포로부터 평균을 샘플링한다면, 실제 값에 더 가까운 평균값을 샘플링하는 것과 같다는 점이다. 이 알고리즘에서 각 분산 분포의 현재 불확실성을 표현하는 확률 분포로부터 샘플을 추출한다. 문제가 복잡해지지 않도록, 이 작업에서 분산값에 대해 지나치게 고민하지는 말자. 서로 다른 분산값으로 그림의 결과에 대한 설명이 얼마나 바뀔지 확신이 없다면, 앞에서 학습한 코드를 이용해 실험해보면 된다. 데이터 개수가 확률 분포에 얼마나 영향을 끼치는지 알아보기 위해 다음 예제를 통해 데이터 50개만 사용해 정규 분포 평균이 $34.00인 경우와, 정규 분포 평균이 $35.00인 경우의 확률을 비교해본다.

```
plt.title('Distributions of a mean of 34 and 35 with 50 samples')
plt.xlabel('')
plt.ylabel('Counts')

plt.hist([np.random.normal(loc=35, scale=5, size=50).mean()
    for i in range(2500)],
    bins=30, label='mean of 35', alpha=.8)
plt.hist([np.random.normal(loc=34, scale=5, size=50).mean()
    for i in range(2500)],
    bins=30, label='mean of 34', alpha=.8)
plt.legend(bbox_to_anchor=(1.05, 1), loc=2, borderaxespad=0.)
```

이 코드를 실행시키면 다음과 같은 그래프가 만들어진다.

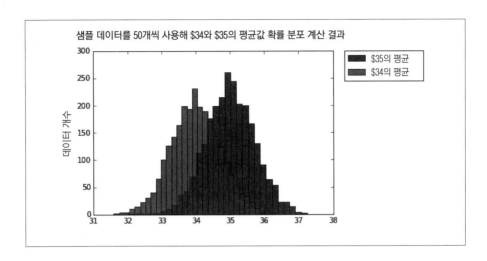

높은 평균값을 나타내는 확률 분포에서 샘플값을 얻을 가능성이 높음을 알 수 있다. 마찬가지로 낮은 평균값을 나타내는 확률 분포에서는 샘플값을 얻을 가능성이 상대적으로 낮을 것이다. 어느 정도나 될까? 이것 역시 시뮬레이션해볼 수 있다.

```
sum([np.random.normal(loc=34, scale=5, size=50).mean() >
np.random.normal(loc=35, scale=5, size=50).mean()
  for i in range(1500)])/1500.
```

이 코드를 파이썬 셸에서 실행시키면, 대략 한 번에 15% 정도의 결과값을 얻을 것이다. 따라서 현재 샘플 데이터가 50개밖에 없을 경우, bandit 알고리즘은 매번 15%보다는 낮은 트리트먼트를 시도할 것이다. 이는 앞에서 다룬 알고리즘과 확연히 다른데, 이는 불확실성에도 불구하고 시도 횟수를 고정시켜 놓았기 때문이다.

코딩 작업을 하고, 다른 것들과 비교해 이 알고리즘이 어떻게 수행되는지를 알아보자.

부스트래핑 bandit

이제, 우리가 학습해온 것을 사용할 간단한 접근 방법을 구현해보기로 하자. 부스트래핑bootstrapping bandit 알고리듬을 이해하는 데 수학적 지식은 필요하지 않다. 그저 우리에게 주어진 데이터에서 샘플을 추출하기만 하면 된다. 식은 죽 먹기만큼 쉬우니 바로 해보자.

다음처럼 가장 간단한 테스트를 이용해 시작해보자.

```python
import rpm_bandit

def given_a_single_treatment_test():
  bandit = rpmbandit.RPMBandit(['A'])
  chosen_treatment = bandit.choose_treatment()
  assert chosen_treatment == 'A', 'Should choose the only
available option.'
```

자, 이 정도는 시작 단계로 아주 적절하다. 이 테스트를 통과시키기 위해 작성해온 코드도 이제 어느 정도 체계가 잡힌 느낌이다.

```python
class RPMBandit:
  def __init__(self, treatments):
    self._treatments = treatments
  def choose_treatment(self):
    return self._treatments[0]
```

다음으로, 2개의 트리트먼트가 있고, 둘 다 데이터가 없다고 가정한다. 이 중 하나를 선택하자. 보통 항상 첫 번째 것을 선택하곤 하는데, 별 문제는 없다.

```python
def given_a_multiple_treatment_test():
  bandit = rpm_bandit.RPMBandit(['A', 'B'])
  chosen_treatment = bandit.choose_treatment()
  assert chosen_treatment == 'A', 'Should choose first available
option.'
```

이 코드는 특별히 수정하지 않아도 문제없이 작동한다.

이제, 기본적인 내용들에 대해 자세히 알아보자. 다음 테스트에는 2개의 트리트먼 트가 있고, 트리트먼트별로 데이터 샘플이 있다. 다음 번 시도에서 적용될 값은 무 작위로 선택되며, 따라서 매번 최적의 결과가 선택되어 있지는 않을 것이다.

```python
def given_a_multiple_treatment_with_a_single_sample_test():
  bandit = rpm_bandit.RPMBandit(['A', 'B'])
  bandit.log_payout('A', 35)
  bandit.log_payout('B', 34)

  treatment_a_chosen_count = sum([bandit.choose_treatment() == 'A'
for i in range(50)])
  assert treatment_a_chosen_count < 50, "Each treatment should be
assigned randomly"
```

이 테스트를 다음과 같이 bandit 알고리즘이 트리트먼트를 무작위로 선택할 수 있 도록 수정한다.

```python
import random

class RPMBandit:
  def __init__(self, treatments):
    self._treatments = treatments
  def choose_treatment(self):
    return random.choice(self._treatments)
  def log_payout(self, treatment, payout):
    pass
```

이 테스트의 유일한 문제는 첫 번째 옵션을 반드시 선택하도록 되어 있기 때문에 다른 테스트들이 실패한다는 점이다. 따라서 다음처럼 수정한다.

```python
def given_a_multiple_treatment_test():
  bandit = rpm_bandit.RPMBandit(['A', 'B'])
  chosen_treatment = bandit.choose_treatment()
  assert chosen_treatment in ['A', 'B'], 'Should choose first
available option.'
```

다음 테스트는 약간 어려운데, 우선 알고리즘의 핵심이 무엇인지 궁금해할 것 같 다. 이 테스트를 작성할 수 있는지 살펴보자.

```python
def given_a_multiple_treatment_with_data_weighing_towards_a_treatment_
test():
  bandit = rpm_bandit.RPMBandit(['A', 'B'])
  bandit.log_payout('A', 100)
  bandit.log_payout('A', 120)
  bandit.log_payout('A', 150)
  bandit.log_payout('B', 34)
  bandit.log_payout('B', 35)
  bandit.log_payout('B', 32)
  treatment_a_chosen_count = sum([bandit.choose_treatment() == 'A'
for i in range(1000)])
  assert treatment_a_chosen_count > 900, 'Treatment A should be
chosen much more than 50% of the time.'
```

여기서 실제로 테스트에서 A가 이미 우월하게 시작한 것을 볼 수 있다. B의 성능 대비 A의 성능은 밤과 낮처럼 명확하게 구분된다. 또한 이 테스트는 단순히 데이터를 무작위로 샘플링하는 작업에서 벗어나, 뭔가 더 멋진 작업을 하게끔 해준다.

```python
import random
import numpy as np
from collections import defaultdict

class RPMBandit:
  def __init__(self, treatments):
    self._treatments = treatments
    self._payoffs = {treatment: [] for treatment in treatments}
  def choose_treatment(self):
    max_treatment = self._treatments[0]
    max_value = float('-inf')
    for key, value in self._payoffs.items():
      sampled_mean = np.random.choice(value, size=len(value)).mean()
      if sampled_mean > max_value:
        max_treatment = key
        max_value = sampled_mean
    return max_treatment
  def log_payout(self, treatment, payout):
    self._payoffs[treatment].append(payout)
```

이 테스트가 제대로 작동하도록 꽤 많은 양의 코드를 추가했다. 잠시 다른 테스트를 중단시켜 놓겠다. 새로운 접근 방법은 데이터의 평균값에 대한 추정 확률 분포의 근사치를 처리하는 부스트래핑 기법을 활용했다. 그럼에도 샘플 데이터가 하나밖에 없는 경우, 이 알고리즘은 당황스럽게도 가장 높은 값의 트리트먼트만 선택해 버리는 문제점을 안고 있다. 이를 해결하기 위해 생각한 아이디어가 있다(아주 흥미로울 만큼은 아니지만).

```python
import random
import numpy as np

class RPMBandit:
    def __init__(self, treatments):
        self._treatments = treatments
        self._payoffs = {treatment: [] for treatment in treatments}
    def choose_treatment(self):
        max_treatment = self._treatments[0]
        max_value = float('-inf')
        for key, value in self._payoffs.items():
            random_numbers_from_range = np.random.binomial(len(value)+1,
1.0/(len(value)+1))
            generated_data = value + [random.uniform(0,200) for i in
range(random_numbers_from_range)]
            sampled_mean = np.random.choice(generated_data,
size=len(generated_data)).mean()
            if sampled_mean > max_value:
                max_treatment = key
                max_value = sampled_mean
        return max_treatment
    def log_payout(self, treatment, payout):
        self._payoffs[treatment].append(payout)
```

이 코드를 통해 테스트는 문제없이 통과할 것이다. 왜 그런지 더 자세히 알아보자.

현재 부스트래핑 기법의 문제점

이제까지는 단일 데이터에서 어떤 일이 일어나는지, 부스트래핑이 매번 동일한 결과를 제시하는지 등을 살펴보았다. 아이러니컬하게도 너무 적은 양의 데이터를 부스트래핑할 경우, 분산값이 0이 될 수 있다. 다음 코드를 보자.

```
plt.hist([np.random.choice([1]) for i in range(100)])
```

데이터 값이 한 개만 있는 데이터를 샘플링한 히스토그램의 결과는 다음과 같다.

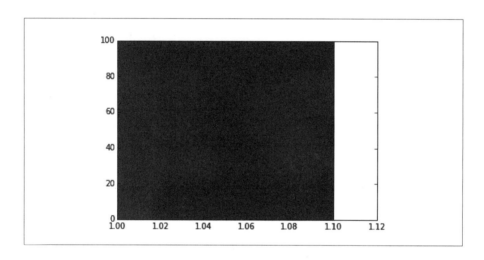

예상한 대로 모든 값이 다 같게 나타난다. 하지만 이건 우리가 예상했던 것과 완전히 다른 결과다. 데이터값 하나만 계산했으니, 다른 숫자가 있는 경우를 쉽게 생각해볼 수 있다. 이 기법은 현재는 이 부분을 잡아내지 못한다. 그러면 어떻게 수정하면 될까? 난수를 발생시키는 과정을 넣어보자! 학문적인 접근법이 썩 마음에 들진 않지만, 이 테스트가 성능 개선과 담을 쌓는 사태를 막으려면 어느 정도는 받아들여야 한다. 다음 그림은 향상된 부스트래핑 기법을 가지고 동일한 시나리오를 실행시킨 결과다.

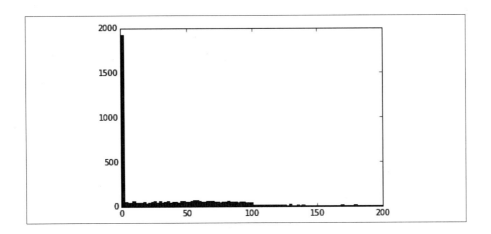

시각화 결과에서 보듯이, 하나의 빈bin에 집중된 확률 분포를 제외하면, 이 확률 분포 결과는 그나마 균등하게 분포되어 있다. 그럼에도 여전히 과하다 싶을 정도로 한 곳에 몰려 있다. 샘플의 개수에 관계없이 알고리즘이 일관성 있게 동작하도록 해야 한다.

Multi-armed bandit 알고리즘 활용

두 알고리즘을 비교하기 위해 각 알고리즘의 결과를 나타내는 확률 분포를 만들고, 간단한 테스트로 RPMBandit 알고리즘이 SimpleBandit 알고리즘보다 나은지를 알아보자. 다음 코드는 이 두 알고리즘을 비교하기 위해 구현한 시뮬레이터다.

```
def run_bandit_sim(bandit_algorithm):
  simulated_experiment = BanditScenario({
    'A': {
      'conversion_rate': 1,
      'order_average': 35.00
    }, 'B':{
      'conversion_rate': 1,
      'order_average': 50.00
    }
  })
  simple_bandit = bandit_algorithm
```

```
for visitor_i in range(500):
    treatment = simple_bandit.choose_treatment()
    payout = simulated_experiment.next_visitor(treatment)
    simple_bandit.log_payout(treatment, payout)

return sum(simulated_experiment._bandit_payoffs)

simple_bandit_results = np.array([run_bandit_sim(SimpleBandit(['A',
'B'])) for i in range(300)])
rpm_bandit_results = np.array([run_bandit_sim(RPMBandit(['A', 'B']))
for i in range(300)])

print 'SimpleBandit: ' + str(mean(simple_bandit_results))
print 'RPMBandit: ' + str(mean(rpm_bandit_results))

plt.title('Payoffs of SimpleBandit vs RPMBandit')
plt.xlabel('Total Payoff')
plt.ylabel('Observations')
plt.hist(simple_bandit_results, label='SimpleBandit', alpha=.8,
bins=40)
plt.hist(rpm_bandit_results, label='RPMBandit', alpha=.8, bins=40)
plt.legend(bbox_to_anchor=(1.05, 1), loc=2, borderaxespad=0.)
```

이 코드를 이용해 다음처럼 그래프를 만들 수 있다.

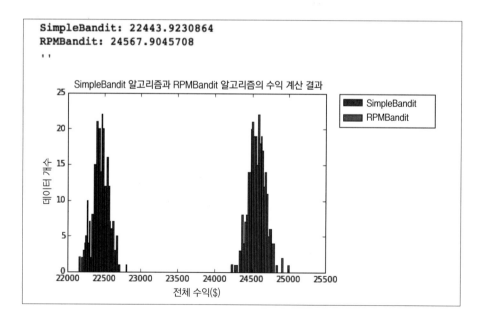

밤과 낮의 차이만큼 명확하게 보인다(차이가 거의 10% 가까이 커졌다). 심지어 두 전략의 평균 분포가 겹치는 부분도 없다. 이를 통해, SimpleBandit 알고리즘보다 RPMBandit 알고리즘의 성능이 훨씬 좋다고 볼 수 있다. 설정값을 바꿔가면서 알아본 결과, 두 트리트먼트 사이의 차이가 작을수록, 알고리즘의 중요도도 별 차이가 없다는 점이다. 이를 통해 해결되는 문제는 좋은 multi-armed bandit 알고리즘은 극도로 실적이 저조한 결정에 대한 충격을 완화시켜주면서 좋은 실적을 보이는 결정을 유도한다는 점이다.

끝으로 앞에서 얻은 결과를 우리가 향후 알고리즘 선택 시 가이드 용도로 쓸 수 있도록 테스트 형태로 바꿔보자. 다음 코드는 SimpleBandit 알고리즘과 비교해 RPMBandit 알고리즘을 테스트하는 시뮬레이션 프레임워크를 사용한 간단한 테스트다.

```
def run_comparison_test():
  simple_bandit_results = np.array([run_bandit_sim(simple_bandit.
SimpleBandit(['A', 'B']))
for i in range(300)])
  rpm_bandit_results = np.array([run_bandit_sim(rpm_bandit.
RPMBandit(['A', 'B'])) for i
in range(300)])
  rpm_better_count = sum(map(lambda x: x[0] > x[1], zip(rpm_bandit_
results, simple_bandit_results)))
  assert rpm_better_count/300. > .8, 'The RPM bandit should be
better at least 80% of the time.'
```

요약

이 장에서는 간단한 버전의 알고리즘과 약간 복잡한 알고리즘을 TDD를 통해 개발했다. 아울러, 성능 비교에 사용할 약간 규모가 큰 테스트도 개발했다. 마지막의 비교 분석 테스트는 수행시간이 오래 걸렸다. 하지만 알고리즘 최적화를 통해 효율성을 향상시킬 수 있다고 본다. 한편, 알고리즘이 얼마나 잘 동작하는지 피드백을 볼 수 있도록 확률 분포를 히스토그램 형태로 보는 방법도 학습했다. 끝으로 multi-armed bandit 문제에 대해 부스트래핑을 어떻게 활용하는지도 알아보았다.

다음 장에서는 선형 회귀분석에 대해 좀 더 깊이 있게 알아볼 것이다. 아울러, SciPy 같은 외부 라이브러리를 TDD에 어떻게 통합시킬 수 있는지에 대해서도 학습할 것이다.

4

회귀분석을 이용한 예측

이 장에서는 다중 선형 회귀분석에 대해 학습하고 이를 TDD 관점에서 어떻게 접근할지에 대해서도 알아본다. 앞에서 TDD를 이용해 실제 알고리즘을 개발했던 것과 달리, 이 장에서는 분석 모델을 개발하는 데 필요한 알고리즘과 TDD를 위한 외부 라이브러리를 사용하는 방법을 알아보고자 한다. 이를 위해, 분석 모델의 정성적 성능을 정량화하는 방안과 분석 모델의 가정을 위반했는지 여부를 정량화해 분석하는 방안이 필요할 것이다. 우리가 만든 분석 모델이 범위 안에서 잘 동작하는지 여부를 위해 데이터 시각화를 이용할 수 있는지 반드시 확인하기 바란다.

아울러, 이 장을 학습하기 전에 다음 명령어를 이용해 파이썬 패키지인 statsmodels 와 pandas를 설치한다.

```
> pip install pandas
> pip install statsmodels
```

이제, 다중 선형 회귀분석 모델과 좋은 성능을 가진 분석 모델을 만드는 데 필요한 것들을 업데이트하기 바란다.

고급 회귀분석 기법 복습

TDD를 이용해 회귀분석 모델을 어떻게 구현할지에 대한 기본 사항을 다루기 전에, 몇 가지 분명하게 알아둘 것이 있다. 다중 회귀분석은 모델 성능과 관련해 몇 및 가정과 다양한 측정 수단을 포함하고 있다. 이와 관련해 맨던홀Mendenhall & 신스Sincich의 『A Second Course in Statistics Regression Analysis』(Pearson, 2011)를 참고하면 더 많은 정보를 얻을 수 있다.

회귀분석 관련 개념 정리

많은 사람들이 회귀분석에 대해 소개할 때 주로 간과하는 것이, 회귀분석은 '무언가를 예측하기 위해 데이터를 통해 추세선을 어떻게 그릴지에 대한 방법'이라는 점이다. 객관적으로 보면, 이 표현은 꽤 정확하긴 하지만 어감상 명확하게 해야 할 부분이 있다.

먼저, 다음처럼 수식을 통해 다중 회귀분석 모델의 일반적인 구조에 대해 알아보자.

$$y = \beta_0 + \beta_1 x_1 + \beta_2 x_2 + \cdots + \beta_n x_n + \varepsilon$$

여기서 y는 종속 변수dependent variable라고 한다. 모든 x 변수는 독립 변수independent variable라고 한다. 변수 y가 종속 변수라는 것은 이 값이 (여러 개의) 독립 변수와 오차값을 나타내는 ε의 값에 따라 바뀌기 때문이다. 특히, 오차항error term ε은 매우 중요한데, 이 분석 모델이 변수 x의 특정 값에 대해 정확한 값을 내도록 하는 역할을 하기 때문이다. 따라서 정확한 결과를 얻으려면 임의의 상수 ε을 더해주기만 하면 된다. 변수 x에 대한 값 처리를 위해서 몇 가지 새로운 가정이 필요하다.

중요한 가정 중 하나로, 오차항으로 표현되는 분석 모델의 잔차값residual은 정규 분포를 따른다는 점이 있다. 이게 왜 중요할까? 잔차값이 정규 분포를 따른다고 가정하면, 예측값에 대해 명시한 신뢰구간confidence interval에 대해서도 납득할 수 있기 때문이다. 부가적으로, 잔차값에 대한 분산 분포가 데이터(관측치observations라고도 한다)상에서 상수값이 된다는 가정도 포함한다.

분석 모델을 해석할 때, 다음 사항을 기억하기 바란다. 임의의 변수 x에 대해 관련된 매개변수 계수 β_i는 해당 변수(예: x_i)를 제외한 다른 변수들 모두 값이 고정되어 있거나 상수일 경우, 직선의 기울기를 나타낸다. 분석 모델을 만드는 과정에서 이러한 직선의 기울기에 대한 추정치를 구하게 된다.

정량화 기반의 분석 모델 성능 측정

성능 측정을 위해 설정할 수 있는 여러 가지 기법이 있다. 이들은 분석 모델이 적절한지, 종속 변수 y의 변화 정도를 얼마나 잘 설명하는지, 여러 종류의 매개변수 β_i들이 데이터를 이해하는 데 얼마나 역할을 하는지 등을 결정하는 데 필요하다.

우리의 분석 모델이 적절한지를 알아보기 위해, 첫 번째로 F-test라는 테스팅 기법을 알아보자. F-test는 분석 모델의 매개변수가 0인 영가설Null hypothesis('귀무가설'이라고도 함)을 기각해도 되는지 여부를 테스트한다. 만약 영가설을 기각할 수 없다면, 상호작용항interaction term을 고려해보는 등의 방법을 통해 우리의 분석 모델을 다시 생각해봐야 한다. 우리가 테스트하고자 하는 정량화된 기법 중 하나다.

우리가 만든 분석 모델이 F-test를 통과하면, 분석 모델 조정과 분석 결과 향상을 위한 개선 작업을 할 수 있다. 이를 위해, F-test의 p-value를 더 개선시키기 위한 방안을 찾지 않아도 된다. 대신, 개선된 결정계수(Adjusted R^2 또는 R_a^2)라는 측정값을 조절하면 된다. 개선된 결정계수값은 0과 1 사이의 임의의 실수다. 즉, 우리가 만든 분석 모델의 통계적 의미를 알려주는 샘플 분산 분포값의 백분율이라고 보면 된다. 값이 1일 경우, 우리가 만든 분석 모델은 완벽하게 잘 맞았음을 의미하고, 반면 값이 0이면 우리가 만든 분석 모델이 샘플 데이터의 변화 정도를 전혀 설명해주지 못하고 있음을 의미한다.

한편, 분석 모델의 매개변수별로 t-statistic을 적용하는 방안을 생각해볼 수 있다. 여기서 t-statistic은 매개변수 β_i 값과 0과의 차를 이용해 통계적으로 유의미한 정도를 나타낸다. 분석 모델의 성능을 향상시키기 위해, 각 매개변수 β_i에 대해 t-statistic을 알아보자. 만약 결과값이 지나치게 작다면(보통 p-value > 0.05 여부를 계산해 판단한다), 이는 해당 매개변수를 없애거나 값을 변경해서 분석 모델의 성능을 향상시킬 수 있음을 의미한다. 이 과정에서 되도록 한 번에 하나의 매개변수만 변경하는 것이 좋다. 이것이 다른 변수들에 큰 영향을 줄 수 있고, 이로 인해 분석 모델의 적합도가 좋아지거나 나빠질 수 있기 때문이다.

마지막으로 우리의 분석 모델 생성 시 적용된 가정을 검증하기 위해 잔차residual값이 정규 분포를 따르는지 여부(정규성normality이라고 한다)를 정량화한다. 이와 관련한 몇 가지 기법이 있는데, 정성적 기법qualitative technique 중 하나로 Q-Q Plot이 있다. 분석 모델의 잔차residual값이 정규 분포를 따른다고 가정했을 때, Q-Q Plot은 직선 형태를 띤다. 하지만 이 결과는 가정에 대해 정량화된 검증 측면에서는 별 의미가 없다.

잔차값이 분석 모델에 대한 정규성을 얼마나 만족시키는지 정량화해 평가하고자 할 때 쓰이는 좋은 방법 중 하나로 Jarque-Bera 테스팅 기법이 있다. 이 테스트는 비대칭도skewness(데이터의 분포 형태가 평균값을 기준으로 한 쪽으로 치우진 정도를 나타내는 통계량, '왜도'라고도 한다)와 첨도kurtosis(데이터의 분포 형태가 정규 분포와 비교해 평균값에 집중되어 있는지를 나타내는 통계량)의 확률 분포가 정규 분포와 얼마나 가까운지를 테스트한다. 이 책에서 사용할 라이브러리는 적합한 분석 모델을 자동으로 찾도록 계산 작업을 수행하게 되어 있다.

물론, 회귀분석은 대단히 어려운 분야고, 이분산성異分散性, heteroscedasticity(분석 모델을 구성하는 종속 변수들 각각이 가진 정규 분포의 표준편차가 다른 경우를 의미)과 같이 우리가 검토해야 할 것들도 훨씬 많지만, 이 책에서는 이 정도로만 다루기로 하자. 분석 모델에 우리가 테스트하려는 측면이 있으면, 그걸 정량화하면 된다는 정도만 알면 된다.

데이터 생성 작업 소개

어떤 머신 러닝 알고리즘에 대해 알고자 할 때 데이터를 직접 생성해보면 많은 도움이 된다. 이렇게 하면 여러분이 해보고 싶은 새로운 기법의 대부분을 제어하고 적용해볼 수 있기 때문이다. 또한 여러분이 세웠던 가정에 따라 예상한 대로 동작한다는, 이를테면 분석 모델의 신뢰도를 정립할 수도 있다. 이 점은 이 책에서 이미 여러 번 다루었으므로, 새로운 건 아니다. 하지만 우리가 함께 예제를 통해서 선형 회귀분석 모델을 만들어 나갈수록, 데이터를 직접 생성하는 것이 생각보다 훨씬 더 유익하다는 점을 느낄 수 있을 것이다.

우선 데이터를 생성하고, 어떻게 생성하는지는 이 장의 뒷부분에서 소개하려고 한다. 여기서 목표는 통계적 테스트 우선 관점에서 복잡한 분석 모델을 어떻게 만드는지를 먼저 익히는 것이다. 그 다음, 데이터 생성 함수가 어떻게 만들어져 있고, 이것이 작업에 어떤 영향을 끼치는지를 알아보는 것이 훨씬 나을 것이다.

생성한 데이터는 이 책과 관련된 깃허브 저장소GitHub repo를 참고하기 바란다 (https://github.com/jcbozonier/Machine-Learning-Test-by-Test). 이 책에서 설명하는 대로 차근차근 따라해보자.

분석 모델 관련 기본 사항 구현

이제까지 사용했던 분석 모델을 파이썬으로 바꿔보자. 이를 위해 다음의 라이브러리를 추가로 설치해야 한다. 1) CSV 파일로부터 데이터를 읽어서 통계 처리 함수를 실행하기 위한 Pandas 2) 통계분석 처리를 위한 stastmodel. 두 가지 라이브러리 모두 기능 면에서 많은 장점을 지니고 있으며, 이들 중 주요 기능 일부를 차근차근 알아보자.

맨 먼저, 테스트를 하나 만들어보자. 이 테스트는 변수들 중 하나에 대해 단순 회귀분석 모델을 실행시켜서 결과를 리턴한다. 이 정도면 시작하기에 충분한 것 같다. 여기서는 이 테스트를 단위 테스트 구조로 유지하려고 한다. 이 코드를 테스트해서 이 테스트가 정확히 무엇을 위한 것인지 확인하고 싶기 때문이다. 이와 같은 첫 번째 단계에서 여러분은 파일 한 개만 가지고도 테스트를 할 수 있지만, 여기서는 이 파일을 가지고 시작해서 전체 테스트를 만들 생각이다.

```python
import pandas
import statsmodels.formula.api as sm
import nose.tools as nt

def vanilla_model_test():
    df = pandas.read_csv('./generated_data.csv')
    model_fit = sm.ols('dependent_var ~ ind_var_d', data=df).fit()
    print(model_fit.summary())
    assert False
```

여러분이 R(https://www.r-project.org/)을 잘 알고 있고 ols fit을 이용해 프로그래밍하는 데 어려움이 없다면, 다음 설명은 건너뛰어도 된다. ols 함수의 입력값으로는 다음과 같이 2가지가 있다. 1) 사용할 회귀분석 모델 식, 2) 불러들일 데이터. 입력값을 쓸 때, '~' 기호는 사실상 '=' 기호와 동일한 역할을 한다. 즉, 함수 내에서 다음과 같이 인식된다고 보면 된다.

$$dependent\_var = \beta_0 + \beta_1 * ind\_var\_d + \varepsilon$$

매개변수 β_0가 있다고 가정했으니, 이를 군이 따로 선언해줄 필요가 없다. ind_var_d 변수를 사용하는 것 역시 자동으로 변수에 대한 매개변수 계수(β_1)가 있다는 사실을 내포하고 있다. 끝으로 오차항 역시 가정에 따라 포함되어 있다.

이 테스트를 실행시켜서 assert False 문까지 잘 실행이 끝나면, 다음과 같은 결과 화면을 통해 볼 수 있다.

```
                        OLS Regression Results
==============================================================================
Dep. Variable:          dependent_var   R-squared:                       0.005
Model:                            OLS   Adj. R-squared:                 -0.030
Method:                 Least Squares   F-statistic:                    0.1499
Date:                Thu, 19 Feb 2015   Prob (F-statistic):              0.702
Time:                        20:57:08   Log-Likelihood:                -222.90
No. Observations:                  30   AIC:                             449.8
Df Residuals:                      28   BIC:                             452.6
Df Model:                           1
Covariance Type:            nonrobust
==============================================================================
                 coef    std err          t      P>|t|      [95.0% Conf. Int.]
------------------------------------------------------------------------------
Intercept     224.5840    520.609      0.431      0.669    -841.836   1291.004
ind_var_d      -1.1946      3.085     -0.387      0.702      -7.515      5.125
==============================================================================
Omnibus:                        0.043   Durbin-Watson:                   2.057
Prob(Omnibus):                  0.979   Jarque-Bera (JB):                0.058
Skew:                          -0.017   Prob(JB):                        0.971
Kurtosis:                       2.787   Cond. No.                     1.14e+03
==============================================================================
```

위의 결과에서 0에 가까운 값으로 시작하고 있음을 확인할 수 있다. 우리가 만든 테스트의 시작은 꽤 좋은 것 같다. Prob(F-statistic) 값이 0.05보다 크게 나왔다. 이는 현재 매개변수의 계수가 모두 0이 아니라고 하기엔 증거가 충분하지 않다는 점을 의미한다. 바꿔 말하면, 현재 분석 모델이 통계적으로는 유효하지 못하다는 뜻이다. 객관적으로 말하면, 0.05는 임의로 설정한 값이긴 하지만 상당히 좋긴 하다. 우리가 이 테스트를 끝낼 때까지 이 숫자를 0.05보다 더 작은 값으로 둘 것이고, 이는 기댓값으로는 상당히 높은 기준에 해당한다.

이제, 첫 번째 기댓값을 코드로 작성해보자. Prob(F-statistic)이 0.05보다 작으면 된다. 이 테스트가 기본적으로 더 이상 실패하지 않도록 다음처럼 다시 작성한다.

```
def vanilla_model_test():
  df = pandas.read_csv('./generated_data.csv')
  model_fit = sm.ols('dependent_var ~ ind_var_d', data=df).fit()
  print model_fit.summary()
  assert model_fit.f_pvalue <= 0.05, "Prob(F-statistic) should be
small enough to reject the null hypothesis."
```

각 변수들은 예측하려고 하는 가장 마지막 종속 변수에 대해 다양한 정도로 영향을 줄 것을 가정하고 있다(어쩌면 아무 영향력이 없을 수도 있다). 이런 경우, ind_var_ d의 영향력은 매우 미미하다. 따라서 이번에는 데이터에서 다른 독립 변수 중 하나를 가지고 시도해서 테스트를 통과시켜보려고 한다.

```
def vanilla_model_test():
  df = pandas.read_csv('./generated_data.csv')
  model_fit = sm.ols('dependent_var ~ ind_var_a', data=df).fit()
  print model_fit.summary()
  assert model_fit.f_pvalue <= 0.05, "Prob(F-statistic) should be
small enough to reject the null hypothesis."
```

독립 변수를 a로 바꾸면(즉, ind_var_a로 바꾸면), F-statistic에 대한 p-value는 우리가 원하는 숫자보다 낮아진다. 이제 R_a^2값이 0.95보다 커지는지 알아보자.

```
def vanilla_model_test():
  df = pandas.read_csv('./generated_data.csv')
  model_fit = sm.ols('dependent_var ~ ind_var_a', data=df).fit()
  print model_fit.summary()
  assert model_fit.f_pvalue <= 0.05, "Prob(F-statistic) should be
small enough to reject the null hypothesis."
  assert model_fit.rsquared_adj >= 0.95, "Model should explain 95%
of the variation in the sampled data or more."
```

이 테스트는 다음과 같은 결과를 내고 실패한다.

```
                          OLS Regression Results
==============================================================================
Dep. Variable:          dependent_var   R-squared:                       0.182
Model:                            OLS   Adj. R-squared:                  0.152
Method:                 Least Squares   F-statistic:                     6.215
Date:                Thu, 19 Feb 2015   Prob (F-statistic):             0.0188
Time:                        21:16:15   Log-Likelihood:                -219.98
No. Observations:                  30   AIC:                             444.0
Df Residuals:                      28   BIC:                             446.8
Df Model:                           1
Covariance Type:            nonrobust
==============================================================================
                 coef    std err          t      P>|t|      [95.0% Conf. Int.]
------------------------------------------------------------------------------
Intercept      33.4182     70.006      0.477      0.637    -109.982    176.819
ind_var_a       3.0475      1.222      2.493      0.019       0.544      5.551
==============================================================================
Omnibus:                        0.175   Durbin-Watson:                   1.811
Prob(Omnibus):                  0.916   Jarque-Bera (JB):                0.023
Skew:                          -0.053   Prob(JB):                        0.988
Kurtosis:                       2.915   Cond. No.                         57.3
==============================================================================
```

여러분도 이 테스트가 왜 실패했는지 알 수 있을 것이다. R_a^2값이 0.152밖에 되지 않아서 현재 분석 모델이 데이터의 변화에 대해 15% 정도밖에 설명해주지 못하기 때문이다. 또한 이제까지는 테스트 결과의 화면에 대해 그리 자세히 보지 않았다. 대체로 우리 테스트는 아주 구체적인 사유로 실패했는데, 관련 정보는 거의 없었다. 지금 우리는 데이터에 대해 이미 만들어진 알고리즘을 조정하는 작업을 테스트하고 있으므로, 많은 정보를 얻을 수 있다.

다른 변수를 포함시키고 이 모델이 어떻게 동작하는지 알아보자. 현재 분석 모델을 다음과 같이 변경한다.

```
def vanilla_model_test():
  df = pandas.read_csv('./generated_data.csv')
  model_fit = sm.ols('dependent_var ~ ind_var_a + ind_var_b',
data=df).fit()
  print model_fit.summary()
  assert model_fit.f_pvalue <= 0.05, "Prob(F-statistic) should be
small enough to reject the null hypothesis."
  assert model_fit.rsquared_adj >= 0.95, "Model should explain 95%
of the variation in the sampled data or more."
```

독립 변수 b(ind_var_b)를 포함시키면, R_a^2값이 0.804로 급격히 증가한다! 이제 변수가 계속 필요한지를 확인하기 위해 변수들에 대해 t-statistics를 확인하려고 한다. 아래에 나타난 결과를 한 번 더 살펴보자.

```
                          OLS Regression Results
==============================================================================
Dep. Variable:          dependent_var   R-squared:                       0.818
Model:                            OLS   Adj. R-squared:                  0.804
Method:                 Least Squares   F-statistic:                     60.62
Date:                Thu, 19 Feb 2015   Prob (F-statistic):           1.04e-10
Time:                        21:19:56   Log-Likelihood:                -197.44
No. Observations:                  30   AIC:                             400.9
Df Residuals:                      27   BIC:                             405.1
Df Model:                           2
Covariance Type:            nonrobust
==============================================================================
                 coef    std err          t      P>|t|      [95.0% Conf. Int.]
------------------------------------------------------------------------------
Intercept      94.5490     34.216      2.763      0.010      24.344     164.754
ind_var_a       2.7750      0.588      4.720      0.000       1.569       3.981
ind_var_b     115.1101     11.853      9.712      0.000      90.791     139.430
==============================================================================
Omnibus:                        0.248   Durbin-Watson:                   2.031
Prob(Omnibus):                  0.883   Jarque-Bera (JB):                0.442
Skew:                          -0.101   Prob(JB):                        0.802
Kurtosis:                       2.441   Cond. No.                         58.5
==============================================================================
```

각 변수에 대해 t-statistics의 p-value값이 0.05보다 작아졌다. 그 결과, 기존의 변수를 유지하면서도 새로운 변수를 추가할 수 있게 되었다. 다음으로 ind_var_c 변수를 시도해보자.

```
def vanilla_model_test():
  df = pandas.read_csv('./generated_data.csv')
  model_fit = sm.ols('dependent_var ~ ind_var_a + ind_var_b +
ind_var_c', data=df).fit()
  print model_fit.summary()
  assert model_fit.f_pvalue <= 0.05, "Prob(F-statistic) should be
small enough to reject the null hypothesis."
  assert model_fit.rsquared_adj >= 0.95, "Model should explain 95%
of the variation in the sampled data or more."
```

이 테스트 결과에는 꽤 재미있는 점이 있다. R_a^2값이 몇 퍼센트 정도 증가하고, 새 변수에 대한 p-value값으로 0.045가 나왔다. 이는 기술적으로 우리가 유의미한 기준으로 설정한 값인 0.05보다는 작지만, 이 변수를 새로 추가할지는 더 지켜볼 필요가 있다.

계속 기존 상태를 유지하면서 독립 변수 d(ind_var_d)를 추가해서 어떤 변화가 일어나는지 알아보자.

```
def vanilla_model_test():
  df = pandas.read_csv('./generated_data.csv')
  model_fit = sm.ols('dependent_var ~ ind_var_a + ind_var_b +
ind_var_c + ind_var_d', data=df).fit()
  print model_fit.summary()
  assert model_fit.f_pvalue <= 0.05, "Prob(F-statistic) should be
small enough to reject the null hypothesis."
  assert model_fit.rsquared_adj >= 0.95, "Model should explain 95%
of the variation in the sampled data or more."
```

이 결과는 대단히 놀랍다. 현재 분석 모델에 추가할 만한 변수가 하나도 없는 것처럼 보이기 때문이다.

```
                        OLS Regression Results
==============================================================================
Dep. Variable:         dependent_var    R-squared:                     0.845
Model:                           OLS    Adj. R-squared:                0.820
Method:                Least Squares    F-statistic:                   34.12
Date:               Thu, 19 Feb 2015    Prob (F-statistic):         8.64e-10
Time:                       21:33:11    Log-Likelihood:              -195.00
No. Observations:                 30    AIC:                           400.0
Df Residuals:                     25    BIC:                           407.0
Df Model:                          4
Covariance Type:           nonrobust
==============================================================================
                 coef     std err          t      P>|t|      [95.0% Conf. Int.]
------------------------------------------------------------------------------
Intercept     286.7307    225.631      1.271      0.216     -177.965    751.427
ind_var_a       2.5552      0.574      4.453      0.000        1.373      3.737
ind_var_b     112.2556     11.438      9.814      0.000       88.698    135.813
ind_var_c      -6.4966      3.134     -2.073      0.049      -12.951     -0.042
ind_var_d      -0.4223      1.293     -0.327      0.747       -3.085      2.240
==============================================================================
Omnibus:                       0.100    Durbin-Watson:                 2.208
Prob(Omnibus):                 0.951    Jarque-Bera (JB):              0.030
Skew:                          0.028    Prob(JB):                      0.985
Kurtosis:                      2.856    Cond. No.                   1.19e+03
==============================================================================
```

우리가 본 통계분석 계산 결과를 살펴보자. 먼저, R_a^2을 보면 값의 변화가 거의 없고, 실제로 아주 약간 달라진 느낌이다. 이는 표준 R^2값 대신 R_a^2을 사용한다는 구체적인 이유 때문이다. 표준값(R^2)은 변화가 없지만 조정된 값(R_a^2)은 분석 모델에 변수가 추가될수록 정규화되기 때문이다. 그 결과, 더 추가된 값은 없고 복잡도는 증가하면서, 스코어상으로는 실패하게 된다.

다음으로 t-statistics의 p-value값을 보자. 모든 값이 0.05 이하지만 (독립 변수 c(ind_var_c)는 값의 변화가 거의 없는 반면) 독립 변수 d(ind_var_d)는 0.747로 훨씬 높게 나타났다.

이는 이 독립 변수가 분석 모델에 좋지 않은 영향을 주므로 배재시켜야 함을 뜻한다. 이 변수를 독립 변수 e(ind_var_e)로 바꾸고 결과가 어떻게 바뀌는지 보자. 이와 관련해 테스트를 다음처럼 수정한다.

```
def vanilla_model_test():
  df = pandas.read_csv('./generated_data.csv')
  model_fit = sm.ols('dependent_var ~ ind_var_a + ind_var_b +
ind_var_c + ind_var_e', data=df).fit()
  print model_fit.summary()
  assert model_fit.f_pvalue <= 0.05, "Prob(F-statistic) should be
```

```
small enough to reject the null hypothesis."
  assert model_fit.rsquared_adj >= 0.95, "Model should explain 95%
of the variation in the sampled data or more."
```

이 결과 역시 흥미롭다. R_a^2이 0.836으로 약간 증가했지만 새 변수에 대한 p-value 는 오히려 높아졌다. 독립 변수 c(ind_var_c)에 대한 p-value는 낮아졌다. 이제, R_a^2 이 증가한 후 분석 모델이 이를 유지하면서 다른 변화가 있는지 살펴보자.

다음으로 독립 변수 f(ind_var_f)를 추가해보기로 하자. 코드는 우리가 보아왔던 것과 동일하다. 결과는 독립 변수 d(ind_var_d)를 추가했을 때와 비슷하다. R_a^2값 은 약간 낮아지고 새 변수에 대한 p-value는 0.866으로 급격히 증가했다. 다시 한 번, 분석 모델에 좋지 않은 영향을 주는 변수는 빼고 다음 변수인 g(ind_var_g)를 시도해보자. 방식은 앞에서 하던 것과 동일하다.

끝으로 독립 변수 h(ind_var_h)를 시도해보고 동일한 결과가 나타나는지 알아보자. 여기서 다음 코드를 이용해 관련 분석 모델을 참고한다.

```
def vanilla_model_test():
  df = pandas.read_csv('./generated_data.csv')
  model_fit = sm.ols('dependent_var ~ ind_var_a + ind_var_b +
ind_var_c + ind_var_e', data=df).fit()
  print model_fit.summary()
  assert model_fit.f_pvalue <= 0.05, "Prob(F-statistic) should be
small enough to reject the null hypothesis."
  assert model_fit.rsquared_adj >= 0.95, "Model should explain 95%
of the variation in the sampled data or more."
```

독립 변수 추가에 따른 테스트는 여기까지만 하기로 하자. 이 모델을 어떻게 생 성하는지 봤으니, 다음 단계로 넘어가도 될 것 같다. 이제 변수들 간에 미치는 영 향 관계를 알아보자. 첫 번째로, 서로 영향관계가 있는 변수 a(ind_var_a)와 b(ind_ var_b)를 알아보자. 이는 분석 모델 내에서 다음과 같이 표현할 수 있다.

```
def vanilla_model_test():
  df = pandas.read_csv('./generated_data.csv')
  model_fit = sm.ols('dependent_var ~ ind_var_a + ind_var_b +
ind_var_c + ind_var_e + ind_var_a * ind_var_b', data=df).fit()
```

```
    print model_fit.summary()
    assert model_fit.f_pvalue <= 0.05, "Prob(F-statistic) should be
small enough to reject the null hypothesis."
    assert model_fit.rsquared_adj >= 0.95, "Model should explain 95%
of the variation in the sampled data or more."
```

설명한 그대로 되어 있다. 앞서 얘기한 대로, 이렇게 수정한 것이 분석 모델에 어떤 변화를 가져다 주진 않는다. 사실, 아무 변화도 없을 뿐만 아니라, 다른 변수들 중 일부에 대해 예측 능력을 저하시키고 있다. 따라서 이번 경우는 고려하지 말자.

다음으로, 독립 변수 b(ind_var_b)와 c(ind_var_c) 사이에 상호작용 영향 관계를 모델링해보자.

```
.
----------------------------------------------------------------------
Ran 1 test in 0.414s

OK
```

잘 나왔다! 실행 결과 요약을 확인하기 위해 테스트를 강제로 실패하게 하자.

```
                            OLS Regression Results
==============================================================================
Dep. Variable:         dependent_var   R-squared:                       0.987
Model:                           OLS   Adj. R-squared:                  0.984
Method:                Least Squares   F-statistic:                     356.2
Date:               Thu, 19 Feb 2015   Prob (F-statistic):           1.07e-21
Time:                       22:02:03   Log-Likelihood:                 -158.16
No. Observations:                 30   AIC:                             328.3
Df Residuals:                     24   BIC:                             336.7
Df Model:                          5
Covariance Type:           nonrobust
==============================================================================
                     coef    std err          t      P>|t|      [95.0% Conf. Int.]
------------------------------------------------------------------------------
Intercept         25.6266     24.999      1.025      0.316     -25.968      77.221
ind_var_a          2.7083      0.171     15.820      0.000       2.355       3.062
ind_var_b         -1.5527      8.798     -0.176      0.861     -19.712      16.606
ind_var_c         -0.3917      1.036     -0.378      0.709      -2.529       1.746
ind_var_e         -0.2006      0.032     -6.231      0.000      -0.267      -0.134
ind_var_b:ind_var_c 5.6450     0.371     15.225      0.000       4.880       6.410
==============================================================================
Omnibus:                       0.697   Durbin-Watson:                   2.070
Prob(Omnibus):                 0.706   Jarque-Bera (JB):                0.584
Skew:                         -0.318   Prob(JB):                        0.747
Kurtosis:                      2.750   Cond. No.                     1.48e+03
==============================================================================
```

R_a^2값은 0.984임을 알 수 있다. 또한 독립 변수 b(ind_var_b)와 c(ind_var_c)의 p-value가 얼마나 급격히 증가했는지 보이는가? 그래도 지금은 괜찮다. 우리가 이런 변수들의 상호 영향관계를 모델링하고 있기 때문에 이 상태를 계속 유지해 보자. 사실 독립 변수들을 제거하려 한 뒤에도 상호 영향관계가 계속 남아 있을 경우, 독립 변수를 다시 추가해야 하는지도 확인해야 할 것이다.

분석 모델에 대한 교차 검증

우리가 만든 모델이 맞는지 보기 전에, 이 모델이 새 데이터에 대해 얼마나 잘 예측값을 계산하는지 알아보자. 이를 위해 다음과 같이 꽤 큰 규모의 테스트를 작성했다.

```
def final_model_cross_validation_test():
  df = pandas.read_csv('./generated_data.csv')
  df['predicted_dependent_var'] = 25.6266 \
                            + 2.7083*df['ind_var_a'] \
                            - 1.5527*df['ind_var_b'] \
                            - 0.3917*df['ind_var_c'] \
                            - 0.2006*df['ind_var_e'] \
                            + 5.6450*df['ind_var_b'] * df['ind_var_c']
  df['diff'] = (df['dependent_var'] -
df['predicted_dependent_var']).abs()
  print df['diff']
  print '==========='
  cv_df = pandas.read_csv('./generated_data_cv.csv')
  cv_df['predicted_dependent_var'] = 25.6266 \
                            + 2.7083*cv_df['ind_var_a'] \
                            - 1.5527*cv_df['ind_var_b'] \
                            - 0.3917*cv_df['ind_var_c'] \
                            - 0.2006*cv_df['ind_var_e'] \
                            + 5.6450*cv_df['ind_var_b'] * cv_
df['ind_var_c']
  cv_df['diff'] = (cv_df['dependent_var'] -
cv_df['predicted_dependent_var']).abs()
  print cv_df['diff']
```

```
print cv_df['diff'].sum()/df['diff'].sum()

assert cv_df['diff'].sum()/df['diff'].sum() - 1 <= .05,
"Cross-validated data should have roughly the same error as
original model."
```

이 코드가 하는 일은 1) 우리가 만든 분석 모델에 대한 매개변수를 찾고, 2) 분석 모델 내에 다양한 변수들을 추가 반영하고, 3) 종속 변수 값에 맞는 예측치를 계산하는 것이다. 각 예측값에 대해 실제값과의 차이에 대한 절대값을 계산하는데, 이러한 방식으로 원래 데이터에서 돌린 모델과 새로 생성한 데이터에서 돌린 모델의 차이 합을 비교한다.

이 테스트에서는 원래 분석 모델과 비교해 오차가 5% 이내인지를 알려준다. 하지만 이 테스트를 실행시키면, 아마도 새 데이터를 대상으로 했을 때 오차는 실제로 0.05보다 작을 것이다.

데이터 생성

지금까지 정확한 분석 모델을 찾아가는 과정에 대해 알아보았다. 이제부터는 이 분석 모델의 정확한 매개변수 값이 무엇인지와, 우리가 만든 회귀분석 모델의 매개변수 값들을 이용해 좌표상에 어떻게 선으로 나타내는지를 알아보기로 한다.

데이터 생성을 위해 다음 코드를 이용한다.

```
import numpy as np

variable_a = np.random.uniform(-100, 100, 30)
variable_b = np.random.uniform(-5, 5, 30)
variable_c = np.random.uniform(0, 37, 30)
variable_d = np.random.uniform(121, 213, 30)
variable_e = np.random.uniform(-1000, 100, 30)
variable_f = np.random.uniform(-100, 100, 30)
variable_g = np.random.uniform(-25, 75, 30)
variable_h = np.random.uniform(1, 27, 30)
```

```
independent_variables = zip(variable_a, variable_b, variable_c,
variable_d, variable_e, variable_f, variable_g, variable_h)
dependent_variables = [3*x[0] - 2*x[1] - .25*x[4] + 5.75*x[1]*x[2]
+ np.random.normal(0, 50) for x in  independent_variables]

full_dataset = [x[0] + (x[1],) for x in zip(independent_variables,
dependent_variables)]

import csv
with open('generated_data.csv', 'wb') as f:
  writer = csv.writer(f)
  writer.writerow(['ind_var_a', 'ind_var_b', 'ind_var_c',
'ind_var_d', 'ind_var_e', 'ind_var_f', 'ind_var_g', 'ind_var_h',
'dependent_var'])
  writer.writerows(full_dataset)
```

우선 13번째 코드 라인에서 종속 변수 생성을 위해 사용된 수식에 대해 알아보자. 이를 다시 써보면 다음과 같다.

$$y = 3x_a - 2x_b - .25x_e + 5.75x_b x_c + N(0,50)$$

분석 모델의 최종 모습은 다음과 같다.

$$2.7083x_a - 1.5527x_b - 0.3917x_c - 0.2006x_e + 5.645x_b x_c + 25.6266$$

결과가 꽤 근접하게 나왔다. 계산 과정에서 독립 변수 c(ind_var_c)가 추가로 적용되었고, 맨 뒤에 상수값이 하나 붙었다. 이 상수값이 어떻게 나왔는지 궁금하면 원 수식을 다시 보기 바란다. 상수값은 우리가 맨 뒤에 붙여 놓은 정규 분포 확률 변수에 대한 결과값이다.

여기서 학습한 방법은 회귀분석을 만드는 데 뿐만 아니라, 단계적으로 회귀분석 알고리즘을 테스트하기 위한 데이터 생성 등 다양한 곳에 활용될 수 있다. 데이터 생성을 통해 여러분이 만든 분석 모델에서 어떤 현상이 발생하는지에 대해 깊이 있게 알아볼 기회도 얻을 수 있을 것이다. 아울러, 어떤 사실에 대한 해답을 확인할 수 있기 때문에 분석 모델 개발에도 실질적인 도움이 될 것이다.

요약

이 장에서 우리는 코드를 개발하던 것과 동일한 테스트 기술을 사용해 다중 회귀 분석 모델을 단계적으로 개발해보았다.

다음 장에서는 회귀분석 중에서도 특히 로지스틱 회귀분석logistic regression에 대해 알아본다. 값을 예측하는 대신, 주어진 데이터를 2개의 그룹으로 분류하는 용도로 로지스틱 회귀분석을 사용할 계획이다.

5
로지스틱 회귀분석을 이용한 '흑과 백'의 판단 결정

앞 장에서는 연속 구간continuous range(실수값처럼 값이 연속으로 존재하는 구간을 의미)상에서 값을 예측하는 회귀분석을 다루었다. 이 장에서는 이진 분류분석binary classification 결과를 예측하도록 회귀분석 모델을 조정하는 방법을 알아본다. 여러분은 이미 이 방법에 대해 익숙해져 있을 것이므로, 앞으로는 이를 어떻게 사용할지에 대해 소개하는 데 시간을 할애할 생각이다.

로지스틱 회귀분석logistic regression에서 가장 중요한 것은 수식의 형태가 선형 회귀분석linear regression과 매우 다르다는 점이다. 따라서 결과의 해석도 다르고 상당히 헷갈릴 수 있다. N개의 변수를 갖는 로지스틱 회귀분석 모델은 다음과 같은 형태다.

$$E(y) = \frac{e^{\beta_0 + \beta_1 x_1 + \beta_2 x_2 + \cdots + \beta_n x_n}}{1 + e^{\beta_0 + \beta_1 x_1 + \beta_2 x_2 + \cdots + \beta_n x_n}}$$

선형 회귀분석과는 달리, 베타 매개변수(βi) 계수가 그와 관련된 변수 x값에 따른 변화치를 나타낸다. 로지스틱 회귀분석에서 베타 매개변수는 각 매개변수와 관련된 x 변수값의 증가에 따른 로그-교차비값(교차비odds ratio에 로그log를 취한 값) 변화량을 의미한다. 이런 분석 모델의 차이로, 우리가 데이터를 생성하는 데 있어서도 약간 다르게 접근할 필요가 있다.

이 장에서는 데이터 분류에 쓸 로지스틱 회귀분석 모델을 개발하는 데에 테스트 주도 기술을 적용한다. 특히, 분석 모델의 성능을 정량화하는 방법은 매우 중요하므로 반드시 잘 이해해야 한다. 이를 통해 분석 모델이 반복 수행할 때마다 이전 상태보다 더 좋아지는지 여부를 자동으로 판단할 수 있는 방법을 만들 수 있기 때문이다.

로지스틱 회귀분석용 데이터 생성

테스트 수행 과정에서 어려운 부분 중 하나는 얼마나 통제가 가능한가 여부다. 앞 장에서는 이미 생성해 놓은 테스트 데이터에 대해 분석 모델을 조정하고, 베타 매개변수 계수를 맞추려고 했었다. 반면 이 장에서는 아주 간단한 데이터를 생성한 다음, 매개변수 계수에 대해 추정치를 계산할 것이다. 이렇게 하는 것이 어떻게 전체를 하나로 통합하는지 이해하는 데 도움이 되고, 코드를 올바른 방향으로 개발해나갈 수 있도록 해줄 것이다.

간단한 데이터 생성을 위해 다음 코드를 보자.

```
import pandas
import statsmodels.formula.api as smf
import numpy as np

observation_count = 1000
intercept = -1.6
beta1 = 0.03
x = np.random.uniform(0, 100, size=observation_count)
x_prime = [np.exp(intercept + beta1 * x_i) / (1 + np.exp(intercept +
```

```
beta1 * x_i)) for x_i in x]
y = [np.random.binomial(1, x_prime_i, size=1)[0] for x_prime_i in x_
prime]
df = pandas.DataFrame({'x':x, 'y':y})
```

이항 분포binomial distribution를 따르는 샘플 데이터를 생성할 계획이다. 값이 0과 1
사이에 있고, 결과가 그 안에서 골고루 분포할 것이기 때문이다. 물론, 약간의 노
이즈noise 데이터가 포함되어 있을 것이다. 데이터가 제대로 생성되었는지는 분석
모델에 맞춰보는 과정을 통해 확인할 수 있다. 우리가 설정한 베타 매개변수에 예
측된 베타 매개변수 값이 근접할 것이기 때문에 제대로 되었는지 여부를 알수 있
을 것이다. 다음 코드와 같이 파이썬의 statsmodels를 사용해 이 분석 모델을 계
산한다.

```
model = smf.logit('y ~ x', df)
fit = model.fit()
fit.summary()
```

데이터 생성 코드에서 intercept가 -1.6으로, beta1이 0.03으로 설정되어 있음
을 눈여겨보자. 이들은 분석 모델이 예측 과정에서 찾아야 하는 값들이다. 전체적
인 결과는 다음과 같이 요약 정리할 수 있다.

로짓 회귀분석 결과					
종속 변수:	y		데이터 개수		1000
분석 모델:	로짓(Logit)		자유도 잔차		998
분석 방법:	MLE		자유도 모델		1
날짜:	2015년 3월 1일 일요일		의사(pseudo) 결정계수		0.1476
시간:	16:02:11		로그-유사가능도		−589.61
수렴 여부:	참(True)		LL-Null:		−691.69
			LLR p-value:		2.598e-46

	coef	std err	z	P>|z|	[95% 신뢰구간]
절편	−1.8773	0.156	−12.055	0.000	−2.182 -1.572
x	0.0349	0.003	12.897	0.000	0.030 0.040

이 분석 모델에서 추정한 값들은 절편값intercept을 −1.8773으로, x(데이터 생성 코드에서 beta1)를 0.0349로 나타냈다. 이들은 데이터 생성 시 사용했던 실제 값들과 매우 근접한 수치들이다. 무엇보다도 주목할 점은 절편값과 베타 매개변수 계수 모두 각 매개변수에 대한 신뢰구간이 95% 내에 포함되어 있다는 것이다. 이제, 분석 모델의 성능을 나타내는 지표에 대해 다시 학습해보자.

분석 모델이 예측을 잘 할 수 있는지 확인하기 위해 유사가능도 비율Likelihood Ratio('우도'라고도 함)의 p-value를 기록하는 방법이 있다. 이 책의 목적에 따라, p-value의 유의수준significance을 0.05보다 작게 설정한다. 이와 관련된 값은 앞의 요약 결과에서 LLR p-value 항목을 참고한다. 이 값이 거의 0에 가까울 정도로 작은데, 이는 매개변수 중 최소 하나 이상 0이 아니라는 점에 대해 높은 신뢰도를 보이며, 따라서 이 분석 모델 성능이 괜찮다는 의미를 나타낸다.

분석 모델의 정확도 측정

그러면 이제, '적절하다'고 할 수 있는 분석 모델은 어떻게 생성하고, 또 이는 실제로 무엇을 의미하는 걸까? 임의의 '적절한' 분석 모델이 다른 모델과 비교해 더 나은지는 어떻게 구별할 수 있을까? 이에 대한 해답을 얻는 가장 보편적인 방법은 ROC 그래프를 이용해 비교하는 것이다. 다음 그래프는 우리가 방금 전 생성한 분석 모델을 통해 생성한 것이다.

(앞에서 한 번 봤으니까) 여러분은 ROC 그래프에 대해 잘 알고 있으리라 생각한다. 이 곡선은 참으로 판단한 결과가 틀린 경우 관점에서 주어진 오차율을 감안해, 얻을 수 있는 참으로 판단한 결과가 맞는 경우 수치를 나타낸다. 우선 해결해야 할 목표는 곡선이 가능한 한 왼쪽 상단에 가깝도록 나오게 하는 것이다. 여러분이 전에 이러한 시각화 기법을 사용해본 경험이 없는 경우를 감안해 설명하자면, 이러한 이유는 곡선이 왼쪽으로 더 치우칠수록, 참으로 판단한 결과가 틀린 경우가 더 작아지면서 모든 결과가 참으로 판단한 결과가 맞는 경우가 되기 때문이다. 이는 오차율 개념과 매우 잘 맞는다.

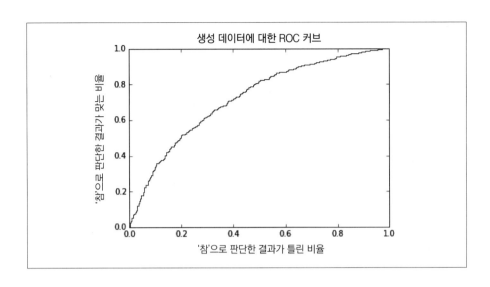

생성 데이터에 대한 ROC 커브

(y축) '참'으로 판단한 결과가 맞는 비율

(x축) '참'으로 판단한 결과가 틀린 비율

이 그래프는 매우 좋은 시각화 기법이긴 하지만 이를 자동화해 테스트할 수가 없다. 이 결과를 정량화하기 위한 다른 방법을 찾아야 한다. 다행히, 간단하면서도 확실한 방법 중 하나로 AUC 스코어Area Under Curve라는 것이 있다.

AUC는 앞에서 봤던 ROC 그래프의 아래쪽 영역을 계산하는 방법이다. 만약 이 그래프가 계속 꼭대기 부분에 그려져 있고, 그래프 아래 부분이 남겨진다면, 이 값은 그래프를 포함한 정사각형의 영역 전체 내지는 면적의 총 합은 1.0이 될 것이다. 만약 그래프가 왼쪽 하단에서 오른쪽 상단 방향으로 직선 형태로 나타나 있다면, 이 분석 모델의 성능은 무작위에 가깝다는 것을 나타낸다. 이 경우 커브 아래쪽 영역의 면적은 0.5를 나타낼 것이다. 보통은, 이 두 값(1.0과 0.5) 사이에서 결과가 어디쯤 위치하는지를 본다.

왜 이 값이 0.5보다 작을 수는 없을까? 만약 0.5보다 작아질 경우, 분석 모델을 통해 알고자 하는 것과 반대로 해서 0.5 이상의 스코어값이 나오게 된다. 결국, 분석 모델을 추천받은 것과 반대로 일관되게 할 경우, 좋은 결정을 내릴 수 있다면, 이는 사실 매우 유용한 것이다. 실제로도 분석 모델의 결과를 뒤집으면, AUC 스코어가 0.5와 1.0 사이로 나오게 된다.

앞의 그래프에서 AUC 스코어는 대략 0.722 정도다. 이 결과가 어떻게 나오는지 궁금하면, 다음 코드를 이용해 계산과 차트 생성을 직접 해보기 바란다.

```
import sklearn.metrics
import matplotlib.pyplot as plt

roc_data = sklearn.metrics.roc_curve(df['y'], fit.predict(df))
plt..title("ROC Curve for Generated Data")
plt.xlabel("False positive rate",fontsize=12)
plt.ylabel("True positive rate",fontsize=12)
plt.plot(roc_data[0], roc_data[1])
print "AUC: {0}".format(sklearn.metrics.auc(roc_data[0], roc_data[1]))
plt.show()
```

조금 더 복잡한 예제 작성

지금까지는 매우 작고 단순한 데이터를 살펴봤다. 이제, 좀 더 복잡한 예제를 생성해보자. 이에 대한 분석 모델 구현을 위해 앞 장에서 다룬 기법을 TDD 기반의 분석 모델 생성에 적용해보자.

앞에서 했던 것과는 달리, 데이터 생성 코드를 먼저 작성하고 이를 써 보면서, 분석 모델 구현 과정을 좀 더 심도 있게 이해해보자. 이 장의 남은 부분에서 사용할 데이터 생성 코드는 다음과 같다.

```
import pandas
import statsmodels.formula.api as smf
import numpy as np

def generate_data():
  observation_count = 1000
  intercept = -1.6
  beta1 = -0.03
  beta2 = 0.1
  beta3 = -0.15
  variable_a = np.random.uniform(0, 100, size=observation_count)
```

```
  variable_b = np.random.uniform(50, 75, size=observation_count)
  variable_c = np.random.uniform(3, 10, size=observation_count)
  variable_d = np.random.uniform(3, 10, size=observation_count)
  variable_e = np.random.uniform(11, 87, size=observation_count)
  x = zip(variable_a, variable_b, variable_c, variable_d, variable_e)
  x_prime = [np.exp(intercept + beta1 * x_i[0] + beta2 * x_i[1] +
beta3 * x_i[2]) / (1 + np.exp(intercept + beta1 * x_i[0] + beta2 *
x_i[1] + beta3 * x_i[2])) for x_i in x]
  y = [np.random.binomial(1, x_prime_i, size=1)[0] for x_prime_i in
x_prime]
  df = pandas.DataFrame({
    'variable_a': variable_a,
    'variable_b': variable_b,
    'variable_c': variable_c,
    'variable_d': variable_d,
    'variable_e': variable_e,
    'y':y})
  return df

generate_data().to_csv('generated_logistic_data.csv')
```

이 코드에는 intercept, beta1, beta2, beta3의 값이 설정되어 있다. 그리고 5개의 변수에 대해 데이터를 임의로 생성한다. 다음 단계로, 이 변수들 중 3개를 사용해 데이터에 대해 분류해보자. 다시 한 번 주의할 점은, 우리는 로지스틱 회귀분석을 위해 데이터를 생성했기 때문에 변수 y를 생성하는 것이 선형 회귀분석 데이터를 생성할 때처럼 단순하지 않다는 것이다.

이제, 생성된 데이터를 DataFrame으로 모두 넣고, 이를 리턴받는다. 그러면 디스크상의 파일에 이 데이터가 저장될 것이다.

이 장의 이후 부분에서는 분석 모델을 만드는 부분은 거의 무시하려고 한다. 실제로도 아주 성능이 좋지 않은 분석 모델을 가지고 시작할 것이다. 이 분석 모델을 정량화하고 반복 수행에 따라 성능을 향상시킬 것이다.

분석 모델에 대한 테스트 주도 작업

시작 단계에서, 테스트 내에서 분석 모델을 스코어링하기 위한 프레임워크를 생성해야 한다. 다음 코드를 참고하자.

```
import pandas
import sklearn.metrics
import statsmodels.formula.api as smf
import numpy as np

def logistic_regression_test():
  df = pandas.DataFrame.from_csv('./generated_logistic_data.csv')

  generated_model = smf.logit('y ~ variable_d', df)
  generated_fit = generated_model.fit()
  roc_data = sklearn.metrics.roc_curve(df['y'], generated_fit.
predict(df))
  auc = sklearn.metrics.auc(roc_data[0], roc_data[1])
  print generated_fit.summary()
  print "AUC score: {0}".format(auc)
  assert auc > .6, 'AUC should be significantly above random'
```

이 코드를 통해 분석 모델에 대해 첫 번째 수정을 시도해본다. 우리가 데이터를 생성했기 때문에 variable_d가 전혀 도움이 안 된다는 것을 알고 있지만, 이를 통해 흥미로운 분석을 할 수 있을 것이다.

위의 코드를 실행시키면, 테스트는 예상대로 실패한다. 전체 통계분석 결과 전체를 볼 수 있도록 테스트를 만들어 놓았다. 테스트 실패 시 디버깅에 도움이 되도록 AUC 스코어도 포함되어 있다. 테스트 결과는 다음과 같다.

```
F
======================================================================
FAIL: logistic_regression_tests.logistic_regression_test
----------------------------------------------------------------------
Traceback (most recent call last):
  File "/Library/Python/2.7/site-packages/nose-1.3.0-py2.7.egg/nose/ca
se.py", line 197, in runTest
    self.test(*self.arg)
  File "/Users/justin/Documents/Code/Machine-Learning-Test-by-Test/Cha
pter 5/logistic_regression_tests.py", line 13, in logistic_regression_
test
    assert auc > .6, 'AUC should be significantly above random'
AssertionError: AUC should be significantly above random
-------------------- >> begin captured stdout << ---------------------
Optimization terminated successfully.
         Current function value: 0.426086
         Iterations 6
AUC score: 0.510791645978

---------------------- >> end captured stdout << ---------------------


----------------------------------------------------------------------
Ran 1 test in 0.527s

FAILED (failures=1)
```

AUC 스코어가 51밖에 안 나왔다. 통계분석 요약 결과는 다음과 같다.

```
                         Logit Regression Results
==============================================================================
Dep. Variable:                      y   No. Observations:                 1000
Model:                          Logit   Df Residuals:                      998
Method:                           MLE   Df Model:                            1
Date:                Sun, 01 Mar 2015   Pseudo R-squ.:                 0.0001789
Time:                        21:16:05   Log-Likelihood:                -426.09
converged:                       True   LL-Null:                       -426.16
                                        LLR p-value:                    0.6962
==============================================================================
                 coef    std err          z      P>|z|      [95.0% Conf. Int.]
------------------------------------------------------------------------------
Intercept      1.8273      0.292      6.258      0.000       1.255      2.400
variable_d    -0.0167      0.043     -0.390      0.696      -0.101      0.067
==============================================================================
```

AUC 스코어가 계산되어 나왔으므로, 우리는 이 분석 모델이 썩 좋지 않음을 이미 알고 있다. 하지만 이 모델의 결과에 포함된 수치들이 우리의 예상대로 어떻게 선을 그리는지 살펴보자.

유사가능도 p-value Likelihood Ratio p-value가 비정상적으로 높은 0.69로 나와 있다. 우리가 예상했던 것은 0.05 이하였는데 말이다. 변수 variable_d의 p-value 역시 0.696으로 매우 높다. 일반적으로, 이 숫자들은 이제까지 분석 모델의 성능이 매우 좋지 않음을 보여준다. 지면 관계상, 무언가 큰 변화가 있기 전까지 통계분석 결과의 내용 전체를 다루지는 않는다.

이제, 변수 variable_d를 variable_e로 바꾸고 어떻게 실행되는지 보자. 테스트 코드는 다음과 같다.

```
def logistic_regression_test():
  df = pandas.DataFrame.from_csv('./generated_logistic_data.csv')

  generated_model = smf.logit('y ~ variable_e', df)
  generated_fit = generated_model.fit()
  roc_data = sklearn.metrics.roc_curve(df['y'], generated_fit.
predict(df))
  auc = sklearn.metrics.auc(roc_data[0], roc_data[1])
  print generated_fit.summary()
  print "AUC score: {0}".format(auc)
  assert auc > .6, 'AUC should be significantly above random'
```

우리가 바꿔야 할 코드는 y ~ variable_e가 포함된 부분이다. 이 모델을 실행시키고 나면, 통계분석 결과는 앞에서 했던 것과 거의 비슷하다. 이 테스트에서 AUC 값은 0.51이다.

이 변수들 역시 별로 도움이 안 되는 것 같다. 다음으로 variable_c를 시도해보자. 다음과 같은 모델로 바꿔서 테스트해보자.

```
generated_model = smf.logit('y ~ variable_c', df)
```

자, 이제 뭔가 흥미로운 결과가 나온 것 같다. 유사가능도 비율 p-value가 0.01 이하로 나타났다! 하지만 분석 모델의 적합도 테스트 결과가 좋다고 분석 모델이 예상했던 매개변수 값들에 딱 맞을 것이란 점을 보장하지는 않는다는 점을 내포하고 있다. AUC 스코어는 0.566이다. 확실히 좋아지긴 했지만, 첫 번째 마일스톤이라고 하기에는 턱없이 부족하다. 이제, 다음처럼 기타 변수들 중 하나를 모델에 추가해보자.

```
generated_model = smf.logit('y ~ variable_b + variable_c', df)
```

변수 variable_b를 추가해 테스트가 통과되도록 하자. 우리가 목표로 하는 수치는 0.7이고, 여기에 도달하는지 확인해보자.

```
def logistic_regression_test():
  df = pandas.DataFrame.from_csv('./generated_logistic_data.csv')

  generated_model = smf.logit('y ~ variable_b + variable_c', df)
  generated_fit = generated_model.fit()
  roc_data = sklearn.metrics.roc_curve(df['y'], generated_fit.
predict(df))
  auc = sklearn.metrics.auc(roc_data[0], roc_data[1])
  print generated_fit.summary()
  print "AUC score: {0}".format(auc)
  assert auc > .7, 'AUC should be significantly above random'
```

테스트가 다시 한 번 실패했다. 첫 번째 마일스톤을 통과했으므로, 통계분석 요약 결과를 다시 한 번 확인해보자.

```
                          Logit Regression Results
==============================================================================
Dep. Variable:                      y   No. Observations:                1000
Model:                          Logit   Df Residuals:                     997
Method:                           MLE   Df Model:                           2
Date:                Sun, 01 Mar 2015   Pseudo R-squ.:                 0.06133
Time:                        21:36:58   Log-Likelihood:               -400.03
converged:                       True   LL-Null:                      -426.16
                                        LLR p-value:                 4.464e-12
==============================================================================
                 coef    std err          z      P>|z|      [95.0% Conf. Int.]
------------------------------------------------------------------------------
Intercept      -2.7924      0.852     -3.278      0.001      -4.462     -1.123
variable_b      0.0878      0.014      6.445      0.000       0.061      0.114
variable_c     -0.1242      0.045     -2.783      0.005      -0.212     -0.037
==============================================================================
AUC score: 0.678741000497
```

첫 번째 마일스톤을 찍은 후 AUC 스코어는 0.679 정도다. 유사가능도 비율 p-value는 여전히 매우 작다(실질적으로 0이라고 봐도 될 정도다). 또한 분석 모델의 각 매개변수에 대한 p-value가 0.05 이하임을 눈여겨보자. 여러분은 이에 대해 여러 가지 생각이 들겠지만, 아마도 이런 결론과 비슷하지 않을까?

변수 variable_a를 분석 모델에 포함시켜보기로 하자. 코드를 다음과 같이 업데이트한다.

```
generated_model = smf.logit('y ~ variable_a + variable_b +
variable_c', df)
```

최종적으로 테스트는 성공적으로 통과했다. 이는 다음과 같이 마일스톤을 통과했음을 확인함으로써 알 수 있다. AUC 스코어가 0.8 이상이라는 점은 테스트가 제대로 통과했다는 결과다. 이 값을 0.9로 높이면 테스트는 (또 다시) 실패할 것이다. 다시 말하지만 살짝 다른 결과가 나올 수도 있지만, 거의 비슷할 것이다. 다음의 통계분석 요약 결과를 확인해보자.

```
                     Logit Regression Results
==============================================================================
Dep. Variable:                      y   No. Observations:             1000
Model:                          Logit   Df Residuals:                  996
Method:                           MLE   Df Model:                        3
Date:                Sun, 01 Mar 2015   Pseudo R-squ.:              0.2088
Time:                        21:44:45   Log-Likelihood:            -337.19
converged:                       True   LL-Null:                   -426.16
                                        LLR p-value:              2.458e-38
==============================================================================
                 coef    std err          z      P>|z|      [95.0% Conf. Int.]
------------------------------------------------------------------------------
Intercept     -0.9958      0.932     -1.068      0.286     -2.823      0.832
variable_a    -0.0392      0.004     -9.828      0.000     -0.047     -0.031
variable_b     0.0996      0.015      6.677      0.000      0.070      0.129
variable_c    -0.1487      0.049     -3.048      0.002     -0.244     -0.053
==============================================================================
AUC score: 0.813842167329
```

여전히 AUC 스코어를 0.9에 맞추기 위한 작업이 남아 있지만, 이 분석 모델은 아무렇게나 추측하는 분석 모델보다는 훨씬 성능이 좋다는 건 확실하다. 모든 매개변수의 추정치도 꽤 안정적이다. 변수 Intercept의 p-value만 0.05보다 큰데, 이는 자동으로 포함된 것이므로, 당초에 설정한 것에서 예외사항으로 생각해도 된다.

좀 더 다른 결과를 알아보기 위해 우리가 앞에서 제외시켰던 변수들 중 하나를 추가해보자.

아마도 AUC 스코어를 조금 더 높일 수 있긴 하지만 별 의미가 없다고 느꼈을 것이다. 데이터에 맞는 분석 모델이 어떤 것인지를 알고 있으므로, 다른 변수를 추가하는 것이 무의미하다고 확실히 얘기할 수 있는 것이다.

테스트 통과를 위해 AUC의 목표치를 0.8로 되돌려 놓았는지 확인하고, 테스트를 실행시킨다.

최종적으로, 분석 모델은 다음과 같이 예측값들을 계산했다.

- Intercept: 예측값 -0.9958   실제값 -1.6
- Beta1:   예측값 -0.0392   실제값 -0.03
- Beta2:   예측값 0.0996   실제값 0.1
- Beta3:   예측값 -0.1487   실제값 -0.15

변수 Intercept는 조금 못 미치지만, 나머지는 우리가 데이터 생성에 사용했던 매개변수들을 우리의 분석 모델이 훌륭하게 만들어냈다고 할 수 있다.

요약

이 장에서는 로지스틱 회귀분석과 분석 모델의 성능을 측정하는 여러 가지 기법들을 학습했다. 보통 분석 모델의 성능에 대한 정성적qualitative 측정값들을 어떻게 정량화qualify하는지에 대해서도 알아보았고, 분석 모델 구현 과정에서 이 측정값들을 도출하는 데 테스트 주도 기법을 사용했다.

다음 장에서는 분류분석 기법에 대해 계속 알아볼 예정이다. 특히, 이와 관련해 가장 단순한 기법 중 하나인 나이브 베이즈Naive Bayes 분류분석에 대해 학습할 것이다.

6

나이브 베이즈
분류분석기 제작

우리는 일반 텍스트 데이터를 분류하는 방법으로 나이브 베이즈 분류분석기Naive Bayes classifier를 이용하는 사례를 많이 봐왔다. 이와 관련한 응용 분야로는 스팸 메일 탐지, 감성 분석 등이 있다. 이 장에서는 이제까지 다루지 않았던 새로운 내용으로 시작해볼까 한다. 연속성을 갖는 입력값을 받아서 이를 분류하는 나이브 베이즈 분류분석기를 개발할 것이다. 좀 더 구체적으로 말하자면, 가우시안 나이브 베이즈 분류분석기Gaussian Naive Bayes classifier를 구현하려고 한다. 이 분류분석기는 특정 사람의 출신, 키, 몸무게, 체질량지수 등을 분류할 수 있다.

이 장은 이제까지 학습해왔던 내용과는 조금 다를 것이다. 즉, 유스케이스use case에 맞는 N-class 가우시안 나이브 베이즈 분류분석기를 개발할 것이다. 다음 장에서는 분석 모델 학습을 위해 데이터의 일부를 불러올 것이고, 분석 모델의 성능을 분석할 것이다. 앞 장에서는 생성된 데이터를 사용해 분류분석기가 사전에 설정한 가정에 따라 동작하는지를 확인할 수 있었다. 이 장에서는 분류분석기를 구현하는 데 대부분의 시간을 할애할 것이다. 다음 장으로 넘어가면 분류분석기가 기대치에 부합하는지를 확인하기 위해 일부 잘못된 값이 포함된 데이터fake data를 이용해 테스트를 수행할 것이다. 그 다음, 실제 데이터로 테스트한다. 어떻게 해나갈지 여러분 모두 명확하게 이해했으리라 믿는다.

분류분석기의 개발은 TDD 관점에서는 꽤 흥미로운 방법이다. 표준화된 (틀에 짜여진 대로) 분석 모델 검증 단계를 거치지 않을 것이므로, 수행 과정에서 결과적으로 훨씬 더 많은 것을 얻을 수 있을 것이다.

실습을 통한 가우시안 분류분석의 이해

가우시안 나이브 베이즈 분류분석기에 대해 모를 수도 있으니, 시작하기 전에 어떤 것인지 잠깐 알아보자. 가우시안 나이브 베이즈 알고리즘은 연속성을 가진 데이터를 입력값으로 받아서 동작한다. 여기에는 한 가지 가정이 있는데, 이 입력값에 해당하는 변수들이 서로 독립적이고, 변수들 각각은 가우시안 분포(또는 정규 분포)를 따른다는 점이다. 확률상으로 얼마만큼 이 확률 분포를 따르는지 명확하지 않을 수도 있으므로, 구체적인 예제를 통해 알아보자.

여러분에게 여성 데이터와 남성 데이터로부터 각각 5명의 몸무게 데이터값을 제공했다고 가정해보자. 그리고 성별을 모르는 사람 1명의 몸무게를 여러분에게 주고, 이 사람의 성별을 추정하게 하려고 한다. 이 문제를 해결하려면 가우시안 분류분석기를 이용해 남성 데이터와 여성 데이터에 대한 가우시안 분류분석 모델을 먼저 정의해야 한다(총 2개의 분류분석 모델을 만들어야 한다). 가우시안 분류분석 모델은 평균과 분산을 이용해 표현된다. 무슨 얘기인지 약간의 예제 데이터를 가지고 차근차근 알아보자.

다음과 같은 데이터가 주어졌다고 가정한다.

- 임의로 선택된 여성 5명의 몸무게는 순서대로 157, 165, 133, 192, 101 lb이다(1lb = 0.4539kg).
- 임의로 선택된 남성 5명의 몸무게는 순서대로 203, 237, 180, 156, 308 lb이다.

우리가 그룹을 나누는 기준으로 설정한 관측치 데이터값observation은 182다. 몸무게가 주어졌을 때 여성일 확률, 즉 $P(F|W)$를 구해보자. 평균과 분산이 주어졌을 때, 정규 분포를 따르는 임의의 데이터에 대한 확률은 다음처럼 수식을 통해 계산될 수 있다.

$$P\left(D \mid \mu, \sigma\right) = \frac{1}{\sigma\sqrt{2\pi}} e^{-\frac{(D-\mu)^2}{2\sigma^2}}$$

여기서, D는 우리가 관찰하는 데이터를 뜻한다. 문제 해결에 이 수식을 활용하기 위해, 먼저 여성 데이터의 평균Mean과 분산Variance을 계산한다.

- 평균 = 149.6
- 분산 = 945.44

이제, 남성 데이터에 대해서도 평균과 분산을 계산한다.

- 평균 = 216.8
- 분산 = 2793.36

이제, 다음과 같은 질문을 해보자. 새로운 몸무게 데이터에 대해 여자일 경우, 또는 남자일 경우 확률은 어떻게 될까? 이 질문을 다음과 같이 표현할 수 있다.

$$P\left(W \mid \mu_f, \sigma_f\right) = \frac{1}{\sqrt{2\pi * 945.44}} e^{-\frac{1}{2} * \frac{(182-149.6)^2}{945.44}} = 0.74\%$$

$$P\left(W \mid \mu_m, \sigma_m\right) = \frac{1}{\sqrt{2\pi * 2793.36}} e^{-\frac{1}{2} * \frac{(182-216.8)^2}{2793.36}} = 0.61\%$$

보다시피, 관측치 결과는 여자일 확률이 높다고 나왔지만, 이는 우리가 진정 원했던 것은 아니다. 진짜 중요한 것은 $P(\mu_f, \sigma_f|W)$와 $P(\mu_m, \sigma_m|W)$가 어떤 의미를 가지고 있느냐다. 베이즈 법칙Bayes' Law을 이용하면 다음과 같은 결과를 얻을 수 있다.

$$P\left(\mu_f, \sigma_f \mid W\right) = \frac{P\left(W \mid \mu_f, \sigma_f\right) P\left(\mu_f, \sigma_f\right)}{P\left(W \mid \mu_f, \sigma_f\right) P\left(\mu_f, \sigma_f\right) + P\left(W \mid \mu_m, \sigma_m\right) P\left(\mu_m, \sigma_m\right)}$$

$P(\mu_m, \sigma_m)$이 복잡하게 보일 수도 있겠지만, 이건 단지 남성일 확률, 즉 50%의 확률을 나타낸다. 이제, 우리가 계산한 값을 반영시키고, 남자인지 여자인지 판단해보자.

$$P\left(\mu_f, \sigma_f \mid W\right) = \frac{0.0074 * 0.5}{0.0074 * 0.5 + 0.0061 * 0.5} = 54.8\%$$

이건 사실 판단하기가 애매해 보이는 결과지만, 우리가 만들 분류분석기가 판단하면, 이 데이터는 여자로 분류될 것이다.

분석 모델 개발

우리가 만들 분류분석기에 필요한 기본 사항에 대해 표준화된 간단한 테스트를 가지고 시작해보자. 우선, 테스트부터 작성한다.

```
import NaiveBayes

def no_observations_test():
  classifier = NaiveBayes.Classifier()
  classification = classifier.classify(observation=23.2)
  assert classification is None, "Should not classify observations
without training examples."
```

다음으로, 다음 코드를 작성한다.

```
class Classifier:
  def classify(self, observation):
    pass
```

다음 단계로, 하나의 클래스에서 데이터를 읽어들이기만 하는 경우를 시도해보자.

```
def given_an_observation_for_a_single_class_test():
  classifier = NaiveBayes.Classifier()
  classifier.train(classification='a class', observation=0)
  classification = classifier.classify(observation=23.2)
  assert classification == 'a class', "Should always classify as given
class if there is only one."
```

간단한 해결 방안으로, 무언가를 학습시킬 때마다 단일 클래스를 세팅하도록 한다.

```
class Classifier:
  def __init__(self):
    self._classification = None
  def train(self, classification, observation):
    self._classification = classification
  def classify(self, observation):
    return self._classification
```

이 테스트는 지금은 잘 동작한다. 이제, 다음 테스트에 대해 알아보자. 2개의 클래스와 하나의 입력 데이터값을 다룰 수 있도록 일반화하자. 이를 위한 테스트 코드는 다음과 같다.

```
class Classifier:
def given_one_observation_for_two_classes_test():
  classifier = NaiveBayes.Classifier()
  classifier.train(classification='a class', observation=0)
  classifier.train(classification='b class', observation=100)
  classification = classifier.classify(observation=23.2)
  assert classification == 'a class', "Should classify as the nearest
class."
  classification = classifier.classify(observation=73.2)
  assert classification == 'b class', "Should classify as the nearest
class."
```

이 테스트는 2개의 assert를 포함하고 있다. 이유는 (우리가 계속 하던 대로) 분류분석으로 앞에서 학습했던 클래스를 리턴하지 않도록 하고 싶기 때문이다. 즉, 이렇게 코딩하는 목적이 무엇인지 여러분도 명확히 알고 있을 것이다. 테스트 통과를 조금 더 쉽게 할 수 있도록 코드를 리팩토링할 수 있다. 다음과 같이 리팩토링하고, 이전 단계에서 문제없이 통과했던 테스트가 여전히 잘 통과하는지 확인해보자.

```python
class Classifier:
  def __init__(self):
    self._classifications = {}
  def train(self, classification, observation):
    self._classifications[classification] = observation
  def classify(self, observation):
    if len(self._classifications.keys()) == 0:
      return None
    else:
      closest_class = self._classifications.keys()[0]
      closest_observation = abs(observation - self._
classifications[closest_class])
      return closest_class
```

새 테스트를 통과시키기 위해 몇 가지만 해주면 된다. 모든 분석분류기를 반복 수행해서 각 입력 데이터에 대해 가장 근접한 클래스를 찾으면 된다.

```python
class Classifier:
  def __init__(self):
    self._classifications = {}
  def train(self, classification, observation):
    self._classifications[classification] = observation
  def classify(self, observation):
    if len(self._classifications.keys()) == 0:
      return None
    else:
      closest_class = self._classifications.keys()[0]
      closest_observation = abs(observation - self._
classifications[closest_class])
      for the_class, trained_observation in self._classifications.
items():
        if abs(observation - trained_observation) < closest_
observation:
          closest_class = the_class
          closest_observation = abs(observation - self._
classifications[closest_class])
      return closest_class
```

물론, 이렇게 하는 게 우리가 하려던 것과 정확히 일치하는 건 아니다. 하지만 목표에 한 걸음 더 가까이 간 건 확실하다. 테스트 케이스는 우리가 만든 분류분석기의 성능을 지속적으로 향상시키는 데 쓰일 것이다.

다음 테스트에서 앞에서 했던 것처럼 중요한 부분을 시작하려고 한다. 우선, 2개의 클래스는 계속 유지한다. 한편 우리의 분류분석기에 기본이 되도록 가우시안 분석 모델에 대한 준비 작업에 해당하는 테스트를 구현해보자. 바로 이전 테스트에서는 데이터 분류분석을 위해 데이터가 얼마나 떨어져 있는지를 아주 간단하게 계산했다. 하지만 이번 테스트에서는 한쪽 클래스는 분산값이 매우 좁게, 다른 쪽 클래스는 매우 넓게 나오도록 할 것이다. 이런 결과를 얻을 수 있도록 다음 예제를 참고해 테스트를 수행한다.

```
def given_multiple_observations_for_two_classes_test():
  classifier = NaiveBayes.Classifier()
  classifier.train(classification='a class', observation=0.0)
  classifier.train(classification='a class', observation=1.0)
  classifier.train(classification='a class', observation=0.5)
  classifier.train(classification='b class', observation=50)
  classifier.train(classification='b class', observation=15)
  classifier.train(classification='b class', observation=100)
  classification = classifier.classify(observation=23.2)
  assert classification == 'b class', "Should classify as the best fit
class."
  classification = classifier.classify(observation=2.0)
  assert classification == 'a class', "Should classify as the best fit
class."
```

이 테스트를 돌린 결과는 실패다! 자, 이 테스트를 통과시키려면 어떻게 해야 할지 생각해보자. 여러 개의 데이터값을 다루어야 하므로, 데이터값 하나씩만 저장하던 것을 배열 형태로 리팩토링해 테스트에서 요구하는 사항에 대해 쉽게 일반화할 수 있도록 한다. 리팩토링 작업 후, 클래스는 다음과 같은 모습이 되어 있을 것이다.

```
class Classifier:
  def __init__(self):
    self._classifications = {}
  def train(self, classification, observation):
```

```python
            if not classification in self._classifications:
                self._classifications[classification] = []
            self._classifications[classification].append(observation)
    def classify(self, observation):
        if len(self._classifications.keys()) == 0:
            return None
        else:
            closest_class = self._classifications.keys()[0]
            closest_observation = abs(observation - self._classifications[closest_class][0])
            for the_class, trained_observations in self._classifications.items():
                if abs(observation - trained_observations[0]) < closest_observation:
                    closest_class = the_class
                    closest_observation = abs(observation - self._classifications[closest_class][0])
            return closest_class
```

이 테스트는 아마도 가장 간단한 해결 방법은 아닐 것이다. 이 테스트에 대해 알아보기에 앞서 결과 코드를 먼저 보기로 하자. 테스트를 성공하고 난 후, 클래스의 모습은 다음과 같을 것이다.

```python
import numpy as np

class Classifier:
    def __init__(self):
        self._classifications = {}
    def train(self, classification, observation):
        if not classification in self._classifications:
            self._classifications[classification] = []
        self._classifications[classification].append(observation)
    def _probability_given_class(self, trained_observations, observation):
        variance = np.var(trained_observations)
        mean = np.mean(trained_observations)
        return 1/np.sqrt(2*np.pi*variance) * np.exp(-0.5*((observation - mean)**2)/variance)
    def _probability_of_class_given_observation(self, the_class, other_classes, p_of_observation_given_class):
```

```
    return p_of_observation_given_class[the_class]/(p_of_observation_
given_class[the_class] + sum([p_of_observation_given_class[other_
class] for other_class in other_classes]))
  def classify(self, observation):
    if len(self._classifications.keys()) == 0:
      return None
    else:
      classes = set(self._classifications.keys())
      highest_probability = 0
      best_class = self._classifications.keys()[0]
      probability_of_observation_given_class={}
      for the_class, trained_observations in self._classifications.
items():
        probability_of_observation_given_class[the_class] = self._
probability_given_class(trained_observations, observation)
      for the_class in probability_of_observation_given_class:
        candidate_probability = self._probability_of_class_given_
observation(the_class, classes-set(the_class), probability_of_
observation_given_class)
        candidate_class = the_class
        if candidate_probability > highest_probability:
          highest_probability = candidate_probability
          best_class = candidate_class
    return best_class
```

어마어마하게 많은 부분이 바뀌어 있다. 이유를 알아보자. 코드의 일부를 일반화
하기 위해 리팩토링했던 부분은 그저 일부일 뿐이었다. 2개 이상의 클래스가 있을
것으로 가정해야 하는 것에 대한 테스트는 없고, 대신 이를 위해 더 쉽게 구현하도
록 한 테스트만 있다. 또한 _probability_given_class라는 전체 확률 분포 함수
가 이 테스트에서 실행되도록 포함되어 있음을 눈여겨보자. 이 부분은 어느 정도
수정 가능한데, 방법은 이전 단계로 되돌아가서 이 테스트가 제대로 동작하도록
확률 분포함수에 대해 테스트하도록 하면 된다.

하지만 여전히 이 테스트는 통과하지 못할 것이다. 가장 최근에 통과했던 테스트
가 있지만, 앞에서 했던 테스트 중 하나가 실패 상태로 시작한 버전이기 때문이다.
이 실패한 테스트의 이름은 given_one_observation_for_two_classes_test인

데, 테스트가 실패하는 이유는 단일 데이터값의 분산값이 0이기 때문이다.

이 테스트를 통해 현황 파악에 도움은 되었겠지만, 딱히 큰 도움이 되진 않은 것 같다. 이 테스트가 모든 클래스에 대해 학습된 개체가 단 한 개일 경우 아무것도 리턴하지 않도록 변경해보자. 코드를 다음과 같이 변경해보았다.

```python
def given_one_observation_for_two_classes_test():
    classifier = NaiveBayes.Classifier()
    classifier.train(classification='a class', observation=0)
    classifier.train(classification='b class', observation=100)
    classification = classifier.classify(observation=23.2)
    assert classification is None, "Should not classify if there is only
one observation in any class."
    classification = classifier.classify(observation=73.2)
    assert classification is None, "Should not classify if there is only
one observation in any class"
```

그런 다음, 분류분석 작업 과정 중간 부분에 classify 함수를 다음과 같이 변경한다.

```python
def classify(self, observation):
    if len(self._classifications.keys()) == 0:
        return None
    else:
        classes = set(self._classifications.keys())
        highest_probability = 0
        best_class = self._classifications.keys()[0]
        probability_of_observation_given_class={}
        for the_class, trained_observations in self._classifications.
items():
            if len(trained_observations) <= 1:
                return None
            probability_of_observation_given_class[the_class] = self._
probability_given_class(trained_observations, observation)
        print probability_of_observation_given_class
        for the_class in probability_of_observation_given_class:
            candidate_probability = self._probability_of_class_given_
observation(the_class, classes-set(the_class), probability_of_
observation_given_class)
            candidate_class = the_class
```

```
      print candidate_probability
    if candidate_probability > highest_probability:
      highest_probability = candidate_probability
      best_class = candidate_class
  return best_class
```

이 코드는 테스트가 통과하도록 해주지만, given_an_observation_for_a_single_class_test로 테스트 이름을 계속 쓰면 이상하므로 다른 테스트 이름을 쓰기로 하자.

테스트를 다음과 같이 바꾸어보자.

```
def given_an_observation_for_a_single_class_test():
  classifier = NaiveBayes.Classifier()
  classifier.train(classification='a class', observation=0)
  classification = classifier.classify(observation=23.2)
  assert classification is None, "Should not classify if there is only
one observation in any class."
```

테스트를 재시작해서 모든 것이 이상 없이 통과하는지 확인해보자. 이런! 상태가 영 안 좋다. 하지만 왜 그런지 이해하는 게 중요하다. 실무에서도 이와 비슷한 경우에 처했을 때, 문제 해결을 위해 문제와 상관없는 아이디어를 도입하는 것처럼 말이다.

일단, 우리가 원래 했던 단계로 돌아가자. 이 테스트를 일반화시키고, 여러 분류 그룹을 처리할 수 있도록 하는 데 어떤 점이 문제가 되었는지 리팩토링하는 방법을 알아보자. 이 테스트를 잠시 저장해두고, 이 테스트가 안 좋은 상태가 되기 전 버전을 다시 살펴보자.

```
class Classifier:
  def __init__(self):
    self._classifications = {}
  def train(self, classification, observation):
    if not classification in self._classifications:
      self._classifications[classification] = []
    self._classifications[classification].append(observation)
  def classify(self, observation):
    if len(self._classifications.keys()) == 0:
```

```
      return None
    else:
      closest_class = self._classifications.keys()[0]
      closest_observation = abs(observation - self._
classifications[closest_class][0])
    for the_class, trained_observations in self._classifications.
items():
      if abs(observation - trained_observations[0]) < closest_
observation:
        closest_class = the_class
        closest_observation = abs(observation - self._
classifications[closest_class][0])
    return closest_class
```

가능한 리팩토링 방법 중 하나는 데이터에 대해 딕셔너리dictionary 사용을 중단하는 것이다. 딕셔너리를 사용하는 것은 마치 시작 단계에서부터 비포장 도로로 들어가는 것과 같다. 가능한 여러 개의 클래스를 다루는 기능은 2개 이상의 클래스를 처리하는 데서 시작해야 하기 때문이다. 지금 당장은 이렇게 하고 싶지는 않을 것이다. 해결해야 할 다른 문제도 너무 많기 때문이다.

리팩토링 후, 코드는 다음과 같을 것이다.

```
class Classifier:
  def __init__(self):
    self._classification_a_label = None
    self._classification_a = None
    self._classification_b_label = None
    self._classification_b = None

  def train(self, classification, observation):
    if classification == self._classification_a_label:
      self._classification_a = observation
    elif classification == self._classification_b_label:
      self._classification_b = observation
    elif self._classification_a is None:
      self._classification_a_label = classification
      self._classification_a = observation
    elif self._classification_b is None:
      self._classification_b_label = classification
```

```
        self._classification_b = observation

  def classify(self, observation):
    if self._classification_a_label is None and self._
classification_b_label is None:
        return None
    elif self._classification_b_label is None:
      return self._classification_a_label
    else:
      closest_class = self._classification_a_label
      closest_observation = abs(observation - self._classification_a)
      if abs(observation - self._classification_b) < closest_
observation:
        closest_class = self._classification_b_label
      return closest_class
```

리팩토링을 끝내고 나면, 모든 테스트를 실행시켜서 통과하는지 확인해볼 수 있다. 실제로 전부 문제없이 통과한다.

다음 단계로, 각 클래스들이 여러 개의 입력 데이터observation를 다룰 수 있도록 코드를 작성한다. 이를 위해, 코드에서 필요한 부분을 변경해 리팩토링한다.

```
class Classifier:
  def __init__(self):
    self._classification_a_label = None
    self._classification_a = None
    self._classification_b_label = None
    self._classification_b = None

  def train(self, classification, observation):
    if classification == self._classification_a_label:
      self._classification_a.append(observation)
    elif classification == self._classification_b_label:
      self._classification_b.append(observation)
    elif self._classification_a is None:
      self._classification_a_label = classification
      self._classification_a = [observation]
    elif self._classification_b is None:
      self._classification_b_label = classification
      self._classification_b = [observation]
```

```
    def classify(self, observation):
        if self._classification_a_label is None and self._
classification_b_label is None:
            return None
        elif self._classification_b_label is None:
          return self._classification_a_label
        else:
          closest_class = self._classification_a_label
          closest_observation = abs(observation - self._
classification_a[0])
          if abs(observation - self._classification_b[0]) < closest_
observation:
            closest_class = self._classification_b_label
        return closest_class
```

이제 테스트를 살짝 변경해보자. 분산variance과 여러 입력 데이터를 처리하는 대신, 여러 입력 데이터에 대해 동작하는지만 테스트해보자.

테스트 코드는 다음과 같을 것이다.

```
def given_multiple_observations_for_two_classes_with_roughly_same_
variance_test ():
  classifier = NaiveBayes.Classifier()
  classifier.train(classification='a class', observation=0.0)
  classifier.train(classification='a class', observation=1.0)
  classifier.train(classification='a class', observation=75.0)
  classifier.train(classification='b class', observation=25)
  classifier.train(classification='b class', observation=99)
  classifier.train(classification='b class', observation=100)
  classification = classifier.classify(observation=25)
  assert classification == 'a class', "Should classify as the best fit
class."
  classification = classifier.classify(observation=75.0)
  assert classification == 'b class', "Should classify as the best fit
class."
```

이 테스트는 약간 이상하다. 이렇게 작성하면, 코드가 이전 데이터를 고려해야 하는지 확인해보기 바란다. 만약 2개의 클래스에 대해 처음 2개의 입력 데이터를 테스트해봤다면, 이 테스트는 현재의 코드로도 통과했을 것이다. 현재는 평균에 가장 가

128

깎기 때문에 분류분석이 가능하다. 코드를 고치고 계속 동작하는지 알아보자.

이 테스트를 통과시키기 위해, 다음과 같이 classify 메소드를 조금 수정한다.

```python
def classify(self, observation):
    if self._classification_a_label is None and self._classification_b_label is None:
        return None
    elif self._classification_b_label is None:
        return self._classification_a_label
    else:
        closest_class = self._classification_a_label
        closest_observation = abs(observation - np.mean(self._classification_a))
        if abs(observation - np.mean(self._classification_b)) < closest_observation:
            closest_class = self._classification_b_label
        return closest_class
```

우리가 앞에서 생각했던 방향과 비교하면 상당히 동떨어진 상태에 와 있다. 테스트를 통과시키는 건 훨씬 쉬워졌다. 다음 단계로는, 가우시안 확률 분포에 기반해 확률 개념을 추가 반영할 것이다. 다음처럼 우선 실패 테스트를 하나 만들자.

```python
def given_multiple_observations_for_two_classes_with_different_variance_test():
    classifier = NaiveBayes.Classifier()
    classifier.train(classification='a class', observation=0.0)
    classifier.train(classification='a class', observation=1.0)
    classifier.train(classification='a class', observation=2.0)
    classifier.train(classification='b class', observation=50)
    classifier.train(classification='b class', observation=75)
    classifier.train(classification='b class', observation=100)
    classification = classifier.classify(observation=15)
    assert classification == 'b class', "Because of class b's variance this should be class b."
    classification = classifier.classify(observation=2.5)
    assert classification == 'a class', "Should classify as class a because of tight variance."
```

여기서 테스트할 것은 1) a 클래스가 그룹으로 잘 묶였는지 여부와, 2) b 클래스가 충분히 잘 흩어져 있어서 b 클래스에 속한 데이터들이 쉽게 분류될 수 있는지 여부다. 현재는 우리가 단지 학습 데이터의 평균값과 이 값에 가장 가까운 데이터가 어떤 것인지를 보고 있다. 이 때문에 테스트를 실행시키면 결과가 실패로 나타난다.

이 테스트가 통과되도록 다음과 같이 코드를 작성한다.

```python
def probability_of_data_given_class(self, observation, class_
observations):
  mean = np.mean(class_observations)
  variance = np.var(class_observations)
  p_data_given_class = 1/np.sqrt(2*np.pi*variance)*np.exp(-
0.5*((observation - mean)**2)/variance)
  return p_data_given_class

def classify(self, observation):
  if self._classification_a_label is None and self._classification_b_
label is None:
    return None
  elif self._classification_b_label is None:
    return self._classification_a_label
  else:
    closest_class = self._classification_a_label
    sum_of_probabilities = self.probability_of_data_given_
class(observation, self._classification_a) +\
self.probability_of_data_given_
class(observation, self._classification_b)
    closest_observation = self.probability_of_data_given_
class(observation, self._classification_a)/sum_of_probabilities
    if self.probability_of_data_given_class(observation, self._
classification_b)/sum_of_probabilities > closest_observation:
closest_class = self._classification_b_label
  return closest_class
```

이제는 가능한 한 단순하게 확률을 계산하도록 가정을 약간 단순화시켰다. 어떻게 하면 될까? 다시 베이즈 법칙을 생각해보자. 주어진 데이터가 a 클래스에 속할 확률을 $P(C_a|O)$이라고 하자.

$$P(C_a \mid O) = \frac{P(O \mid C_a) P(C_a)}{P(O \mid C_a) P(C_a) + P(O \mid C_b) P(C_b)}$$

2개의 클래스 중 하나에 속할 확률이 동일하다고 가정하면, 위의 수식은 다음과 같이 단순화시킬 수 있다.

$$P(C_a \mid O) = \frac{P(O \mid C_a)}{P(O \mid C_a) + P(O \mid C_b)}$$

이제까지 작성한 코드는 여기에 맞춘 것이다.

현재 제대로 돌아가는 테스트는 통과한 반면, 다른 테스트는 실패했다. 실패한 테스트는 given_one_observation_for_two_classes_test다. 이유가 무엇일까? 분산값을 구하는 수식 $\sigma^2 = \sum \frac{(X - \mu)^2}{n}$ 을 다시 한 번 생각해보자. 만약 데이터값이 한 개만 있다면, $X = \mu$고 결국 분산값은 0이 된다. 이런 점을 염두에 두고, 테스트를 다시 검토해 제대로 작동하도록 수정하자.

이제 모든 클래스가 입력 데이터가 한 개만 있을 경우, 리턴값이 없도록 바꿔보자. 다음과 같이 테스트 코드를 업데이트한다.

```python
def given_one_observation_for_two_classes_test():
  classifier = NaiveBayes.Classifier()
  classifier.train(classification='a class', observation=0)
  classifier.train(classification='b class', observation=100)
  classification = classifier.classify(observation=23.2)
  assert classification is None, "Should not classify"
  classification = classifier.classify(observation=73.2)
  assert classification is None, "Should not classify"
```

현재는 테스트가 여전히 실패 상태다. 다음과 같이 classify 메소드에 새로운 코드를 추가해서 테스트가 통과하도록 해보자.

```python
  def classify(self, observation):
    if self._classification_a_label is None and self._
classification_b_label is None:
      return None
```

```
    elif self._classification_b_label is None:
        return self._classification_a_label
    elif len(self._classification_a) == 1 or len(self._
classification_b) == 1:
        return None
    else:
        closest_class = self._classification_a_label
        sum_of_probabilities = self.probability_of_data_given_
class(observation, self._classification_a) +\
                                       self.probability_of_data_given_
class(observation, self._classification_b)
        closest_observation = self.probability_of_data_given_
class(observation, self._classification_a)/sum_of_probabilities
        if self.probability_of_data_given_class(observation, self._
classification_b)/sum_of_probabilities > closest_observation:
        closest_class = self._classification_b_label
    return closest_class
```

테스트가 통과한 것을 확인했다면, 리팩토링할 수 있는 부분을 주목해보자. 일단 한 번 보고 필요한 게 있는지를 판단해보기 바란다. 리팩토링이 테스트가 실패하지 않도록 하는 확실한 해결책은 아니므로, 지금은 일단 그냥 두자. 기다리면서 좀 더 쉽게 해결할 수 있는지를 보면 된다.

다음으로, 확률을 계산하는 부분을 테스트해서 이론적으로 계산한 결과와 일치하는지를 본다. 이를 테스트하기 위해 확률 계산 부분을 다른 메소드로 리팩토링해서 따로 테스트할 수 있도록 한다.

다음과 같이 classify 메소드를 리팩토링한다.

```
def _probability_of_each_class_given_data(self, observation, class_a_
data, class_b_data):
    sum_of_probabilities = self.probability_of_data_given_
class(observation, class_a_data) +\
                              self.probability_of_data_given_
class(observation, class_b_data)
    class_a_probability = self.probability_of_data_given_
class(observation, class_a_data)/sum_of_probabilities
    class_b_probability = self.probability_of_data_given_
class(observation, class_b_data)/sum_of_probabilities
    return (class_a_probability, class_b_probability)
```

```
def classify(self, observation):
  if self._classification_a_label is None and self._classification_b_
label is None:
    return None
  elif self._classification_b_label is None:
    return self._classification_a_label
  elif len(self._classification_a) <= 1 or len(self._classification_b)
<= 1:
    return None
  else:
    closest_class = self._classification_a_label
    p_of_A_given_data, p_of_B_given_data = self._probability_of_
each_class_given_data(observation, self._classification_a, self._
classification_b)
    if p_of_A_given_data > p_of_B_given_data:
      return self._classification_a_label
    else:
      return self._classification_b_label
```

클래스별로 확률값이 다른 경우에도 베이즈 법칙에 맞는 확률값을 주는 테스트를
만들 수 있는지 알아보자. 뭔가 떠오르는 아이디어가 있는가? 다음 구현 결과는
약간 변칙적이긴 하지만 우리가 목표로 한 것에는 딱 맞는다.

```
def given_classes_of_different_likelihood_test():
  classifier = NaiveBayes.Classifier()
  observation = 3
  class_a_observations = [1,2,3,4,5]
  class_b_observations = [1,1,2,2,3,3,4,4,5,5]
  p_class_a, p_class_b = classifier._probability_of_each_class_given_
data(observation, class_a_observations, class_b_observations)
  assert p_class_b > p_class_a, "Should classify as class b when class
probability is taken into account."
```

현재 버전을 이용하면, 클래스 a와 클래스 b는 주어진 데이터에 대해 50 대 50의
확률을 갖는다. 일단 (우리가 하려고 했던 대로) 클래스 확률을 고려한다면, 클래스 b
가 조금 더 높을 것이다(클래스 b는 66%이고, 클래스 a는 33%임). 베이즈 법칙을 다시
생각해보면 상식적으로 이해가 갈 것이다. 클래스 b가 더 가능성이 높도록 해놨으
므로, 더 일반적인 분류분석이 된다.

이 테스트를 실행시키면, 예상대로 실패한다. 테스트를 통과시키기 위해 다음과 같이 해보자.

```
def _probability_of_each_class_given_data(self, observation, class_a_
data, class_b_data):
  p_class_a = len(class_a_data)/(1.0*(len(class_a_data) + len(class_b_
data)))
  p_class_b = len(class_b_data)/(1.0*(len(class_a_data) + len(class_b_
data)))
  sum_of_probabilities = self.probability_of_data_given_
class(observation, class_a_data) * p_class_a \
                              + self.probability_of_data_given_
class(observation, class_b_data)*p_class_b
  class_a_probability = self.probability_of_data_given_
class(observation, class_a_data)*p_class_a \
                              / sum_of_probabilities
  class_b_probability = self.probability_of_data_given_
class(observation, class_b_data)*p_class_b \
                              / sum_of_probabilities
  return (class_a_probability, class_b_probability)
```

이 코드를 반영시키면, 테스트는 올바른 방향으로 구현될 것이고, 성공적으로 통과할 것이다.

남은 작업이 뭐가 있을까? 현재 우리는 2개의 클래스와 1차원 데이터를 포함한 가우시안 나이브 베이즈 분류분석기를 구현했다. 이제, N개의 클래스 또는 N차원 데이터를 다룰 수 있다. N 클래스를 다룰 수 있다면 활용도가 더 높을 것 같지 않은가? 바로 알아보자.

이 테스트에 대해 2개의 클래스를 사용했던 이전 테스트에 대해 목표를 재설정한다. '일단 테스트를 한 번 만들고 나면, 절대 변경해선 안 된다'는 법은 없다. given_multiple_observations_for_two_classes_with_different_variance_test 테스트를 이용해 처음 2개의 assert에 영향을 주지 않는 3번째 classification을 추가해보자. 그 다음, 새 클래스를 이용해 분류가 제대로 되는지 테스트하기 위해 3번째 assert를 추가하자.

이 테스트의 결과는 실패다.

```
def given_multiple_observations_for_two_classes_with_different_
variance_test():
  classifier = NaiveBayes.Classifier()
  classifier.train(classification='a class', observation=0.0)
  classifier.train(classification='a class', observation=1.0)
  classifier.train(classification='a class', observation=2.0)

  classifier.train(classification='b class', observation=50)
  classifier.train(classification='b class', observation=75)
  classifier.train(classification='b class', observation=100)

  classifier.train(classification='c class', observation=0.0)
  classifier.train(classification='c class', observation=-1.0)
  classifier.train(classification='c class', observation=-2.0)
  classification = classifier.classify(observation=15)
  assert classification == 'b class', "Because of class b's variance
this should be class b."
  classification = classifier.classify(observation=2.5)
  assert classification == 'a class', "Should classify as class a
because of tight variance."
  classification = classifier.classify(observation=-2.5)
  assert classification == 'c class', "Should classify as class c
because it's the only negative one."
```

사실 이 테스트가 실패할 거라고 예상했다. 단순히 3번째 클래스의 학습 부분만
추가했기 때문이다. 하지만 기적적으로 코드가 2개 클래스 경우에서 수정되어서
3번째 클래스를 완전히 무시해버렸다. 우리가 예상한 대로 동작하도록 하려면 상
당히 많은 부분을 리팩토링해야 할 것 같다. 이는 한참 전에 해놓아야 했던 상당히
힘든 부분이다. 차이점이라면 이제까지 해왔던 다른 모든 부분에 더해서 문제를
해결하는 대신, 이 문제만 가지고 제대로 동작하도록 만들고, 이를 통해 전체 프로
세스가 더 명확해지도록 하는 것이다.

probability 메소드를 제외한 모든 것을 고친 첫 리팩토링 결과는 다음과 같다.

```python
import numpy as np
import collections

class Classifier:
  def __init__(self):
    self._classifications = collections.OrderedDict()
  def train(self, classification, observation):
    if not classification in self._classifications:
      self._classifications[classification] = []
    self._classifications[classification].append(observation)
  def probability_of_data_given_class(self, observation, class_
observations):
    mean = np.mean(class_observations)
    variance = np.var(class_observations)
    p_data_given_class = 1/np.sqrt(2*np.pi*variance)*np.exp(-
0.5*((observation - mean)**2)/variance)
    return p_data_given_class
  def _probability_of_each_class_given_data(self, observation,
class_a_data, class_b_data):
    p_class_a = len(class_a_data)/(1.0*(len(class_a_data) +
len(class_b_data)))
    p_class_b = len(class_b_data)/(1.0*(len(class_a_data) +
len(class_b_data)))
    sum_of_probabilities = self.probability_of_data_given_
class(observation, class_a_data) * p_class_a \
                                        + self.probability_of_data_given_
class(observation, class_b_data)*p_class_b
    class_a_probability = self.probability_of_data_given_
class(observation, class_a_data)*p_class_a \
                                        / sum_of_probabilities
    class_b_probability = self.probability_of_data_given_
class(observation, class_b_data)*p_class_b \
                                        / sum_of_probabilities
    return (class_a_probability, class_b_probability)
  def _any_classes_are_too_small(self, classifications):
    for item in classifications.values():
      if len(item) <= 1:
```

```
          return True
        return False
    def classify(self, observation):
      if len(self._classifications.keys()) == 0:
        return None
      elif len(self._classifications.keys()) == 1:
        return self._classifications.keys()[0]
      elif self._any_classes_are_too_small(self._classifications):
        return None
      else:
        class_a = self._classifications.keys()[0]
        class_b = self._classifications.keys()[1]
        classifications_a = self._classifications[class_a]
        classifications_b = self._classifications[class_b]
        p_of_A_given_data, p_of_B_given_data = self._probability_
of_each_class_given_data(observation, classifications_a,
classifications_b)
        if p_of_A_given_data > p_of_B_given_data:
          return class_a
        else:
          return class_b
```

많은 부분이 그대로지만, 약간 달라진 부분이 있다. 약간 이상해보일 수도 있는데, 수정된 부분에 OrderedDict를 사용했다. 이렇게 한 이유는 데이터를 순서대로 정렬하게 해서 최종 테스트가 통과되도록 하기 위해서다. 이렇게 하면 테스트에 포함된 맨 앞의 2개 클래스가 데이터를 나열했을 때 앞에 나오게 된다. 또한 예상된 동작을 유지하도록 인덱스를 하드코딩해 넣어야만 했다는 점을 눈여겨보기 바란다. 이 테스트를 재실행시켜서 우리가 통과시키려는 assert를 제외하고 모든 것들이 여전히 문제없이 통과하는지 확인한다.

테스트를 통과하도록 수정된 클래스 버전은 다음과 같다.

```
import numpy as np

class Classifier:
  def __init__(self):
    self._classifications = {}
```

```
def train(self, classification, observation):
    if not classification in self._classifications:
        self._classifications[classification] = []
    self._classifications[classification].append(observation)
def probability_of_data_given_class(self, observation, class_
observations):
    mean = np.mean(class_observations)
    variance = np.var(class_observations)
    p_data_given_class = 1/np.sqrt(2*np.pi*variance)*np.exp(-
0.5*((observation - mean)**2)/variance)
    return p_data_given_class
def _probability_of_each_class_given_data(self, observation,
classifications):
    all_observations = 1.0*sum([len(class_values) for class_values in
classifications.values()])
    class_probabilities = { class_label: len(classifications[class_
label])/all_observations
                            for class_label in classifications.keys()}
    sum_of_probabilities = sum([self.probability_of_data_given_
class(observation, classifications[class_label])
                                * class_probability
                                for class_label, class_probability in
class_probabilities.items()])
    probability_class_given_data = {}
    for class_label, observations in classifications.items():
        class_probability = self.probability_of_data_given_
class(observation, observations) \
            * class_probabilities[class_label] \
            / sum_of_probabilities
        probability_class_given_data[class_label] = class_probability
    return probability_class_given_data
def _any_classes_are_too_small(self, classifications):
    for item in classifications.values():
        if len(item) <= 1:
            return True
    return False
def classify(self, observation):
    if len(self._classifications.keys()) == 0:
        return None
```

```
    elif len(self._classifications.keys()) == 1:
      return self._classifications.keys()[0]
    elif self._any_classes_are_too_small(self._classifications):
      return None
    else:
      results = self._probability_of_each_class_given_
data(observation, self._classifications)
      return max(results.items(), key=lambda x: x[1])[0]
```

이 테스트가 통과하는 과정에서 베이즈 법칙을 구현한 코드를 검증하는 테스트가
제대로 작동하지 않는 상태가 돼버렸다. 이 테스트는 단지 간단한 인터페이스만
있으면 다시 제대로 작동할 수 있긴 하지만 무시해도 될 것 같다. 이 테스트 코드
를 다음과 같이 수정했다.

```
def given_classes_of_different_likelihood_test():
  classifier = NaiveBayes.Classifier()
  observation = 3
  observations = {
    'class a': [1,2,3,4,5],
    'class b': [1,1,2,2,3,3,4,4,5,5]
  }
  results = classifier._probability_of_each_class_given_
data(observation, observations)
  print results
  assert results['class b'] > results['class a'], \
        "Should classify as class b when class probability is taken
into account."
```

이 테스트에는 클래스 이름과 함께 패키징할 데이터가 필요하다.

또한 분류분석기에서 임시방편 용도였던 OrderedDict를 삭제했다. 표준 딕셔너
리로 교체한 다음 테스트를 재실행시켜서 모든 것이 계획했던 대로 잘 동작하는지
보자.

요약

이 장에서는 가우시안 나이브 베이즈 분류분석기를 구현하고, 리팩토링이 필요한 예제를 실행해보았다. 또한 테스트 코드에 대해 많은 수정 작업이 있었고, 때로는 한 번에 너무 많은 개념을 테스트해야 했다. 이전 테스트로 돌아가서 테스트 설계에 대해 다시 생각해보는 것도 더 좋고 훌륭한 해결 방안을 이끌 수 있음을 알 수 있었다.

다음 장에서는 이 분류분석기를 실제 데이터에 적용시키고, 여러 가지 다른 분류분석기를 동일한 데이터에 대해 수행시켰을 때 결과가 어떻게 다르게 나타나는지 알아볼 것이다.

7

알고리즘 선택을 통한 최적화

이 장에서는 이제까지 해결하려고 준비해왔던 문제의 핵심을 심도 있게 다룬다. 즉, 키, 몸무게, 체질량지수BMI를 통해 성별을 예측하는 문제 말이다. 앞에서 N클래스 가우시안 나이브 베이즈 분류분석기를 구현했지만, 이는 1차원 데이터에서만(즉, 변수가 1개인 경우만) 작동한다. 이 문제를 해결하기 위해서는 기존의 분류분석기가 3차원을 지원하도록(변수 3개의 처리가 가능하도록) 뭔가를 추가해야만 한다. 이는 임의의 개수만큼의 종속 변수(입력 데이터)를 처리하도록 수정하는 것처럼 보일 수 있다. 하지만 지금 당장은 그렇게까지 생각하지는 말자. 3차원의 입력 변수에 대해 제대로 작동하도록 기존의 클래스를 열심히 구현하는 것이 훨씬 더 시간을 절약하는 길이다.

이렇게 하고 나서, 우리가 만든 분류분석기를 파이썬의 scikit-learn 라이브러리에 있는 랜덤 포레스트 분류분석기Random Forest classifier로 바꿀 것이다. 그 다음, 2개의 분류기 성능을 비교하고 가장 좋다고 생각되는 것을 하나 선택할 것이다.

이 장의 뒷부분에서 키, 몸무게, 체질량지수가 주어진 환자의 성별을 예측할 것이다. 데이터는 CSV 포맷으로 저장되어 있다. 우선, 이와 같은 작업을 할 수 있도록 우리가 만든 분류분석기를 개선시켜보자.

분류분석기의 성능 개선

다차원 데이터를 처리할 수 있도록, 첫 번째 단계로 1차원 튜플tuple 모양으로 1차원의 입력값을 전송하도록 현재의 테스트를 리팩토링한다. 첫 번째 테스트로는 꽤 괜찮아 보인다.

이 테스트들을 수정하고 나면, 이들을 재실행할 때 테스트를 분리시켰는지 확인할 때 약간 당황스러울 수도 있다. 다음 코드는 다차원 입력값 형태로 데이터를 넘기도록 수정한 테스트의 예제다.

```
def given_classes_of_different_likelihood_test():
  classifier = NaiveBayes.Classifier()
  observation = (3,)
  observations = {
    'class a': [(1,),(2,),(3,),(4,),(5,)],
    'class b': [(1,),(1,),(2,),(2,),(3,),(3,),(4,),(4,),(5,),(5,)]
  }
  results =
classifier._probability_of_each_class_given_data(observation,
observations)
  print results
  assert results['class b'] > results['class a'], "Should classify
as class b when class probability is taken into account."
```

알고리즘에 전달되는 모든 입력 데이터가 1차원 튜플이라는 것을 확인할 수 있다. 하지만 놀라운 점은 테스트를 재실행시켰을 때 여전히 문제없이 통과한다는 점이다. 이는 우리가 해야 할 작업을 더 수월하게 해준다. 이유는 파이썬의 NumPy 라이브러리 패키지가 다차원 데이터를 처리할 수 있기 때문이다.

예를 들어, 다음 2개의 코드를 실행시키고 동일한 결과를 내는지 확인해보기 바란다.

```
np.sum([(1,),(1,),(1,)])
np.sum([1,1,1])
```

다음 단계로, 우리가 찾는 프로그램의 동작을 잡아내는 새로운 테스트를 만들어야 한다. 다음과 같이 시작해보자.

```
def given_two_classes_with_two_dimension_inputs_test():
  classifier = NaiveBayes.Classifier()
  observation = (3,10)
  observations = {
    'class a': [(1,-1),(2,0),(3,-1),(4,1),(5,-1)],
    'class b': [(1,10),(2,5),(3,12),(4,10),(5,5)]
  }
  results =
classifier._probability_of_each_class_given_data(observation,
observations)
  print results
  assert results['class b'] > results['class a'], "Should classify
as class b because of dimension 2."
```

이 테스트는 알고리즘이 데이터의 첫 번째 차원(1번째 입력 변수)을 보았다면, 양쪽 클래스가 주어진 데이터에 동일한 확률을 갖도록 구현되어 있다. 두 번째 차원(2번째 입력 변수)이 정확하게 사용된 경우에만 알고리즘이 클래스 a보다는 클래스 b를 추천하도록 되어 있다. 이 테스트를 실행시키면 결과는 실패로 나오겠지만, 실패한 과정에서 알게 되는 점들이 많이 있다.

```
......E
=================================================================
ERROR: naive_bayes_tests.given_two_classes_with_two_dimension_inputs_t
est
-----------------------------------------------------------------
Traceback (most recent call last):
  File "/Library/Python/2.7/site-packages/nose-1.3.0-py2.7.egg/nose/ca
se.py", line 197, in runTest
    self.test(*self.arg)
  File "/Users/justin/Documents/Code/Machine-Learning-Test-by-Test/Cha
pter 7/naive_bayes_tests.py", line 76, in given_two_classes_with_two_d
imension_inputs_test
    assert results['class b'] > results['class a'], "Should classify a
s class b because of dimension 2."
ValueError: The truth value of an array with more than one element is
ambiguous. Use a.any() or a.all()
-------------------- >> begin captured stdout << --------------------
{'class b': array([ 0.379657  ,  0.99954911]), 'class a': array([ 6.2
0342995e-01,   4.50893925e-04])}

-------------------- >> end captured stdout << ----------------------


-----------------------------------------------------------------
Ran 7 tests in 0.157s

FAILED (errors=1)
```

다시 한 번, NumPy 라이브러리가 가진 마법에 의해, 알고리즘은 테스트에서 실패
하지 않는 대이변을 연출했다. 하지만 이건 여전히 예상했던 결과는 아니다. 다음
단계에서는 예상했던 과정에서 통제가 가능한 범위 내에서 테스트가 실패하도록
만들 것이다. 이렇게 하기 위해, 알고리즘을 자세히 살펴보자. 좀 더 구체적으로
얘기하자면, 이 함수는 조금 더 큰 규모의 분류 알고리즘을 바탕으로 동작한다.

```python
def probability_of_data_given_class(self, observation,
class_observations):
  mean = np.mean(class_observations)
  variance = np.var(class_observations)
  p_data_given_class = 1/np.sqrt(2*np.pi*variance)*np.exp(-
0.5*((observation - mean)**2)/variance)
  return p_data_given_class
```

데이터의 첫 번째 변수와 해당 값만 보도록 코드를 리팩토링하면 예상했던 대로
모든 것이 실패하게끔 할 수 있다. 다음 코드로 이렇게 되도록 만들어보자.

```python
def probability_of_data_given_class(self, observation,
class_observations):
  mean = np.mean(map(lambda x: x[0], class_observations))
```

```
variance = np.var(map(lambda x: x[0], class_observations))
p_data_given_class = 1/np.sqrt(2*np.pi*variance)*np.exp(-
0.5*((observation[0] - mean)**2)/variance)
return p_data_given_class
```

테스트를 실행시키면, 다음과 같은 결과를 얻을 것이다.

```
......F
========================================================================
FAIL: naive_bayes_tests.given_two_classes_with_two_dimension_inputs_te
st
------------------------------------------------------------------------
Traceback (most recent call last):
  File "/Library/Python/2.7/site-packages/nose-1.3.0-py2.7.egg/nose/ca
se.py", line 197, in runTest
    self.test(*self.arg)
  File "/Users/justin/Documents/Code/Machine-Learning-Test-by-Test/Cha
pter 7/naive_bayes_tests.py", line 76, in given_two_classes_with_two_d
imension_inputs_test
    assert results['class b'] > results['class a'], "Should classify a
s class b because of dimension 2."
AssertionError: Should classify as class b because of dimension 2.
--------------------- >> begin captured stdout << ----------------------
{'class b': 0.5, 'class a': 0.5}

--------------------- >> end captured stdout << ----------------------


------------------------------------------------------------------------
Ran 7 tests in 0.151s

FAILED (failures=1)
```

다음처럼 테스트 결과를 출력할 수 있다는 점에 주목하자.

```
{'class b': 0.5, 'class a': 0.5}
```

이는 테스트가 제대로 된 원인에 의해 실패했음을 보여주고 있다. 알고리즘이 첫 번째 변수에 해당하는 데이터만 고려해 2개의 클래스 모두 그에 맞게 동작한 것처럼 보인다. 이제, 다음 수정사항으로 이 테스트를 어떻게 통과시킬지 생각해보자.

베이즈 법칙을 일반화시키려면 입력의 각 변수에 대한 확률값을 한꺼번에 곱하면 된다. 이런 식으로 (3, 10)의 데이터는 주어진 클래스 x_1=3과 x_2=10 각각의 확률값을 찾는 데 사용될 수 있다. 이를 좀 더 수학적으로 표현하자면, $P(C|x_0,x_1,...,x_n)$ 과 같은 수식의 계산 결과를 찾는다고 보면 된다. 이는 수학적으로 다음과 같은 형태로 풀어쓸 수 있다.

$$P\left(C \mid x_0, x_1, \ldots, x_n\right) = \frac{P(C) * P\left(x_0, x_1, \ldots, x_n \mid C\right)}{P\left(x_0, x_1, \ldots, x_n\right)}$$

우리가 작업할 사항은 $P(x_0, x_1, \ldots, x_n \mid C)$를 계산하는 것이다. 이 수식은 조건부 확률을 이용하면 다음과 같은 식으로 바꾸어 표현할 수있다.

$$P\left(x_0, x_1, \ldots, x_n \mid C\right) = P\left(x_0 \mid C\right) * P\left(x_1 \mid C\right) *, \ldots, P\left(x_n \mid C\right)$$

이 식은 테스트를 통과시키기 위해 코드로 구현해야 하는 부분이다. 하지만 나눗셈 연산이 여기에 나타나지는 않을 것이다. 결국 클래스별로 조건부 확률을 구하면 된다. 이렇게 하는 이유는 확률이 0과 1 사이에 있도록 정규화하기 위한 것이다.

다음 코드는 수정된 버전이다. 위에서 다룬 계산을 위해 입력값의 각 변수에 대한 확률을 곱한다.

```
def probability_of_data_given_class(self, observation,
class_observations):
  lists_of_observations = zip(*class_observations)
  probabilities = []
  for class_observation_index in
range(len(lists_of_observations)):
    some_class_observations = lists_of_observations[class_
observation_index]
    the_observation = observation[class_observation_index]
    mean = np.mean(some_class_observations)
    variance = np.var(some_class_observations)
    p_data_given_class = 1/np.sqrt(2*np.pi*variance)*np.exp(-
0.5*((the_observation - mean)**2)/variance)
    probabilities.append(p_data_given_class)
  return reduce(operator.mul,probabilities,1)
```

이 함수의 첫 번째 줄 코드는 입력값의 행row 개수에서 열column 개수까지 파악해 데이터를 재정리하는 역할을 한다. 이런 식으로 각 열은 입력값의 변수 개수 dimension에 맞추어 맵핑되고, 이를 통해 확률 계산이 쉬워진다. 중간 부분의 경우, 입력 데이터 변수 개수에 따라 추가된 변수에 인덱스를 부여하는 부분이 추가된 것 외에는 전체적으로 큰 변화는 없다. 함수의 마지막 코드 라인은 다음 수식에 해당한다.

$$P(x_0, x_1, ..., x_n \mid C) = P(x_0 \mid C) * P(x_1 \mid C) *, ..., P(x_n \mid C)$$

확률값을 모두 곱해서 클래스에 주어진 데이터 각각이 속할 확률을 계산해본다. 이 테스트가 제대로 동작하는지 확인하는 차원에서 흥미로운 테스트 케이스를 추가해서 테스트가 여전히 잘 통과하는지 확인해보자.

코딩 작업은 식은 죽 먹기만큼 쉬울 것이다.

```
def given_two_classes_with_identical_two_dimension_inputs_test():
  classifier = NaiveBayes.Classifier()
  observation = (3,10)
  observations = {
    'class a': [(1,10),(2,5),(3,12),(4,10),(5,5)],
    'class b': [(1,10),(2,5),(3,12),(4,10),(5,5)]
  }
  results =
classifier._probability_of_each_class_given_data(observation,
observations)
  print results
  assert results['class a'] == 0.5, "There should be 50/50 chance
of class a"
  assert results['class b'] == 0.5, "There should be 50/50 chance
of class b"
```

이 테스트는 문제없이 통과한다. 좋은 징조다. 다음으로, 실제 데이터를 가지고 분류기를 테스트하고, 실질적인 결과를 얻을 수 있는지 보자.

우리의 분류분석기 적용

자, 이제 전속력으로 앞으로 나아가 보자. 키, 몸무게, 체질량지수를 가지고 성별을 분류할 수 있는가? 이와 관련해, 캐글Kaggle에서 데이터를 다운로드할 수 있다. 주소는 https://www.kaggle.com/c/pf2012-diabetes/data다.

우리는 SyncPatient와 SyncTranscript 데이터를 사용할 것이다. 데이터 딕셔너리에서 이 데이터에 관련된 세부사항을 참고할 수 있다. 또한 사용 예제도 데이터 파일에 포함되어 있는데, 데이터명과 동일한 디렉토리명을 찾으면 된다. 이 두 파일의 이름을 변경한다(SyncPatient.csv을 training_SyncPatient.csv로, SyncTranscript.csv를 training_SyncTranscript.csv로).

첫 단계는 데이터가 제대로 된 모양을 갖추었는지 검토하는 툴을 만드는 것이다. 이 작업 전에, 나이브 베이즈 클래스에 새 메소드를 하나 생성할 것이다. 이 메소드는 내부 데이터가 어떻게 생겼는지 보여주는 역할을 한다. 나이브 베이즈 클래스에 추가할 코드는 다음과 같다.

```python
def _calculate_model_parameters(self):
  class_metrics = {}
  for class_label, data in self._classifications.items():
    class_metrics[class_label] = []
    columnar_data = zip(*data)
    for column in columnar_data:
      class_metrics[class_label].append({
        "mean": np.mean(column),
        "variance": np.var(column)
})
```

이 코드는 새 메소드를 사용하는 테스트 파일 내에서 사용하기 위해 작성되었다.

```python
import pandas, pprint
import numpy as np
def given_real_data_test():
  patients =
pandas.DataFrame.from_csv('./data/training_SyncPatient.csv').reset_
index()
  transcripts =
pandas.DataFrame.from_csv('./data/training_SyncTranscript.csv').reset_
index()
  transcripts = transcripts[transcripts['Height'] > 0]
  transcripts = transcripts[transcripts['Weight'] > 0]
  transcripts = transcripts[transcripts['BMI'] > 0]
  joined_df = patients.merge(transcripts, on='PatientGuid',
how='inner')
```

```
  final_df =
joined_df.groupby('PatientGuid').first().reset_index()
  female_set =
final_df.ix[np.random.choice(final_df[final_df['Gender']=='F'].index,
500)]
  male_set =
final_df.ix[np.random.choice(final_df[final_df['Gender']=='M'].index,
500)]
  training_data = map(lambda x: (x[2], (x[8], x[9],x[10])),
female_set.values)
  training_data += map(lambda x: (x[2], (x[8], x[9],x[10])),
male_set.values)
  # 학습 데이터 출력
  classifier = NaiveBayes.Classifier()
  for class_label, input_data in training_data:
    classifier.train(classification=class_label,
observation=input_data)

  # 수동 검증
  pprint.pprint(classifier._calculate_model_parameters())

  # '남자'의 경우
  print "Men"
  print classifier.classify(observation=(71.3, 210.0, 23.509))
  print classifier.classify(observation=(66.0, 268.8,
27.241999999999997))
  print classifier.classify(observation=(65.0, 284.0, 30.616))
  print "Women"
  print classifier.classify(observation=(60.5, 151.0, 29.002))
  print classifier.classify(observation=(60.0, 148.0, 28.901))
  print classifier.classify(observation=(60.0, 134.923,
26.346999999999998))
  assert False
```

이 테스트가 하는 역할은 테스트 파일에서 데이터를 불러와서 정제하는 것이다. 일부 데이터가 널null 값일 수 있기 때문이다(키, 몸무게, 체질량지수가 모두 0보다 큰 값인지 확인한다). 그 다음, 분류분석기 학습을 위해 500명의 남성 데이터와 500명의 여성 데이터를 임의로 추출한다. 분류분석기 학습이 완료되면, 입력값에 대한 각 클래스와 변수dimension별로 평균과 분산을 결과로 리턴한다. 이를 통해 남성 데이터와 여성 데이터가 어떤 분포를 가지고 있는지 알 수 있을 것이다. 아울러, 테스트가 실패 상태에 있도록 이 값들을 코드에 강제로 반영시킨다. 이렇게 하면 얼마나 잘 동작하는지, 실패 결과가 나왔을 때 왜 그런 것인지를 알 수 있다.

결과는 다음과 같이 나타날 것이다.

```
--------------------- >> begin captured stdout << ---------------------
{'F': [{'mean': 63.696218000000002, 'variance': 12.162890218475999},
       {'mean': 164.53548800000002, 'variance': 1653.804317381856},
       {'mean': 28.529872000000001, 'variance': 46.772100127615992}],
 'M': [{'mean': 69.163201999999984, 'variance': 13.695821797196},
       {'mean': 198.34125400000002, 'variance': 1589.8334884054839},
       {'mean': 29.133306000000001, 'variance': 28.6730361563663999}]}
Men
M
M
M
Women
F
F
F


--------------------- >> end captured stdout << ---------------------


----------------------------------------------------------------------
Ran 10 tests in 1.290s

FAILED (failures=1)
```

입력 데이터가 순서에 따라 일관성 있게 정형화되어 있다. 키, 몸무게, 체질량지수 데이터가 제공되었으므로, 앞의 결과에서 평균과 분산은 이 패턴을 따른다. 예제의 결과에서 보듯이 여성의 평균 키는 63인치(약 160cm)고, 평균 몸무게는 164 lb(약 74.39kg), 평균 체질량지수는 69 등으로 나타났다. 이는 우리가 만든 분류분석기가 3개의 변수 관점에서 남성과 여성을 어떻게 나타내고 있는지를 알려준다.

앞의 결과에 이어서 조금 더 큰 데이터에서 직접 남성, 여성 샘플 데이터를 추출했다(이유는 이들이 앞에서 얻은 결과인 남성/여성의 패턴 정의에 잘 맞기 때문이다. 또한 데이터에 남성, 여성이라고 표시되어 있었기 때문이기도 하다). M과 F는 분류분석기가 이 데이터에 부여하는 분류분석 결과를 의미한다.

이 데이터를 이용해 돌려본 결과, 꽤 잘 작동하고 있음을 알 수 있다. 이제 전체 데이터를 대상으로 얼마나 정확한지 알아볼 시간이다. 이를 위해, 교차 검증cross validation 테스트 도구를 다음과 같이 작성한다.

```
def quantify_classifier_accuracy_test():
  # 데이터 로딩 및 정제
  patients =
pandas.DataFrame.from_csv('./data/training_SyncPatient.csv').reset_
index()
  transcripts =
pandas.DataFrame.from_csv('./data/training_SyncTranscript.csv').reset_
index()
  transcripts = transcripts[transcripts['Height'] > 0]
  transcripts = transcripts[transcripts['Weight'] > 0]
  transcripts = transcripts[transcripts['BMI'] > 0]
  joined_df = patients.merge(transcripts, on='PatientGuid',
how='inner')
  final_df =
joined_df.groupby('PatientGuid').first().reset_index()
  total_set = final_df.ix[np.random.choice(final_df.index, 7000,
replace=False)]

  # 파티션 생성 및 데이터셋 교차-검증
  training_count = 2000
  training_data = map(lambda x: (x[2], (x[8], x[9], x[10])),
total_set.values[:training_count])
  cross_validate_data = map(lambda x: (x[2], (x[8], x[9],
x[10])), total_set.values[training_count:])

  # 학습용 데이터를 이용해 분류분석기 학습
  classifier = NaiveBayes.Classifier()
  for class_label, input_data in training_data:
    classifier.train(classification=class_label,
observation=input_data)

  # 분류분석기의 성능을 테스트
  number_correct = 0
  number_tested = 0
```

```
for class_label, input_data in cross_validate_data:
  number_tested += 1
  assigned_class = classifier.classify(observation=input_data)
  if class_label == assigned_class:
    number_correct += 1

correct_rate = number_correct/(1.*number_tested)
print "Correct rate: {0}, Total: {1}".format(correct_rate,
number_tested)
assert correct_rate > 0.6, "Should be significantly better
than random."
pprint.pprint(classifier._calculate_model_parameters())
assert False
```

맨 끝에 assert가 있는 점에 주목하자. 테스트가 시작되면, 무작위로 돌리는 것보다는 나은 성능이 나올 것으로 예상한다. 정확도가 대략 60% 정도일 것이다. 또한 정확히 50%의 확률로 남성/여성에 대해 분류분석기를 강제로 학습시키지는 않았다는 점도 기억하기 바란다. 만약 남자인지 여자인지 구분하기가 매우 어려운 데이터에 대해 분류분석을 해야 한다면, 데이터의 가장 큰 비중을 차지하는 결과에 따라 선택할 수 있다. 테스트를 실행시키고, 어떻게 동작하는지 지켜보자. 여러분이 실행시킨 테스트 결과가 다음과 같을 것이다(값은 약간 다를 수도 있다).

```
      assert False
AssertionError:
-------------------- >> begin captured stdout << --------------------
Correct rate: 0.7936, Total: 5000
{'F': [{'mean': 63.595020512820511, 'variance': 16.240506356844183},
       {'mean': 166.52739487179485, 'variance': 1994.8113539380934},
       {'mean': 36.486458119658124, 'variance': 30504.141355082436}],
 'M': [{'mean': 69.002157831325292, 'variance': 24.52815720761939},
       {'mean': 198.35300722891566, 'variance': 1702.1144923903094},
       {'mean': 37.555443373493979, 'variance': 26226.362753873291}]}

-------------------- >> end captured stdout << --------------------


-----------------------------------------------------------------
Ran 11 tests in 20.608s

FAILED (failures=1)
```

우와! 정확도가 80% 가까이 나왔다. 아주 별로라고 느껴지진 않는다. 우리가 알고리즘 조정에 시간을 더 들이지 않은 걸 감안하면 충분히 높은 수치다. 이제는 알고리즘 조정 작업 대신, 완전히 다른 접근 방법을 이용해 똑같은 분류분석 작업을 시도해보려고 한다. 바로 랜덤 포레스트Random Forests를 이용해서 말이다.

랜덤 포레스트 알고리즘 성능 개선

우리는 분류분석기 구현에서 대단한 일을 해냈다. 나이브 베이즈 분류분석기의 성능이 그리 나쁘진 않지만, 사실 가장 좋은 분류분석 결과를 내주지는 않는다. 이에, 대체로 가장 좋은 판단 결과를 제공하는 알고리즘인 랜덤 포레스트와 성능을 비교해보려고 한다. 나이브 베이즈 알고리즘과는 달리, 이 알고리즘은 직접 구현하지 않을 것이다.

이유는 수작업으로 알고리즘을 구현할 경우 작업도 지연되고 시간도 많이 소요되므로, 이렇게 하기보다는 더 나은 방법이 있다면 복잡하게 할 것 없이 이를 적극 활용하는 게 더 좋기 때문이다. 이 책의 많은 부분에서 우리의 알고리즘을 테스트 주도로 어떻게 개발했는지 학습했고, 따라서 그 과정에서 필요한 여러 가지 툴을 확보했다. 이 책의 뒷부분에서 외부 라이브러리를 이용해 테스트 주도 접근 방법에 대해 더 알아볼 예정이다.

시작하기 전에 sklearn의 기능을 위한 래퍼wrapper 클래스를 하나 만들자. 이를 통해, 우리가 이미 구현해 놓은 것과 동일한 인터페이스를 유지할 수 있으면서도, 외부 라이브러리를 활용하는 확장성을 지닐 수 있게 된다. 우리가 만들었던 나이브 베이즈 분류분석기의 정확도를 측정하는 데 사용했던 테스트 프레임워크와 동일한 버전으로 시작하려고 한다. 그 다음 우리가 아직 개발하지 않은 랜덤 포레스트 분류분석기에서 사용할 수 있도록 수정하면 된다.

혹시, 왜 가장 작고 간단한 테스트를 이용해 시작하지 않는지 궁금할 수도 있겠다. 음, 어떻게 설명하는 게 좋을까? 여기서는 알고리즘을 테스트하는 게 아니라, 답이 제대로 나오는지에 대해 sklearn을 사용하는 것이 맞는지를 테스트하는 것이기 때문이다. 이는 특정 케이스를 테스트하려고 할 때, 그리고 이런 케이스를 일관성 있게 다루고 있는지 확인이 필요할 때 정도가 될 것 같다. 사실 이게 우리의 목표에 큰 영향을 주지는 않는다.

이제 테스트를 시작할 준비가 되었다.

```
import RandomForest
def random_forest_adapter_test():
  # 데이터 로딩 및 정제
  patients =
pandas.DataFrame.from_csv('./data/training_SyncPatient.csv').reset_
index()
  transcripts =
pandas.DataFrame.from_csv('./data/training_SyncTranscript.csv').reset_
index()
  transcripts = transcripts[transcripts['Height'] > 0]
  transcripts = transcripts[transcripts['Weight'] > 0]
  transcripts = transcripts[transcripts['BMI'] > 0]
  joined_df = patients.merge(transcripts, on='PatientGuid',
how='inner')
  final_df =
joined_df.groupby('PatientGuid').first().reset_index()
  total_set = final_df.ix[np.random.choice(final_df.index, 7000,
replace=False)]

  # 파티션 생성 및 데이터셋 교차-검증
  training_count = 500
  training_data = map(lambda x: (x[2], (x[8], x[9], x[10])),
total_set.values[:training_count])
  cross_validate_data = map(lambda x: (x[2], (x[8], x[9],
x[10])), total_set.values[training_count:])

  # 학습용 데이터를 이용해 분류분석기 학습
  classifier = RandomForest.Classifier()
  classifier.batch_train(training_data)

  # 분류분석기의 성능을 테스트
  number_correct = 0
```

154

```
number_tested = 0
for class_label, input_data in cross_validate_data:
  number_tested += 1
  assigned_class = classifier.classify(observation=input_data)
  if class_label == assigned_class:
    number_correct += 1

correct_rate = number_correct/(1.*number_tested)
print "Correct rate: {0}, Total: {1}".format(correct_rate,
number_tested)
  assert correct_rate > 0.6, "Should be significantly better
than random."
```

교차 검증cross validation 단계는 우리가 학습용으로 사용하지 않은 데이터를 대상으로 우리의 분석 모델을 실행시켰을 때도 여전히 결과가 만족스럽게 나오는지를 확인하는 작업이다. 수정된 부분만 진하게 표시했다. sklearn의 RandomForest 클래스는 한 번에 데이터 전체를 받으므로, batch_train이라는 새로운 메소드를 사용할 필요가 있다. 이 메소드는 앞에서 본 것과 모양은 동일하지만 입력 데이터를 리스트list로 한 번에 처리할 것이다. 이 메소드가 제대로 동작하면, 우리가 무엇을 하고 있는지 대신에 이와 같은 메소드를 사용하는 다른 코드를 리팩토링할 수 있다.

래퍼 클래스 내에 항상 결과값이 널null로 리턴되도록 해놓는다. 테스트를 실행시키면 다음과 같은 결과가 나올 것이다.

```
--------------------- >> begin captured stdout << ---------------------
Correct rate: 0.0, Total: 5000

--------------------- >> end captured stdout << ---------------------

---------------------------------------------------------------------
Ran 12 tests in 21.813s

FAILED (errors=1)
```

5,000번의 반복 시도를 했음에도, 올바른 결과를 얻지 못했다. 사실 이 결과는 그럴만 하다. 항상 None을 리턴하도록 되어 있기 때문이다. 클래스에 M을 강제로 부여하면 어떤 변화가 일어나는지 보자. 모든 클래스를 M으로 예상하면, 정확도가 대략 44% 정도다. 이제, sklearn에 연동시켜 다시 실행시켜보자.

앞에서 학습한 내용에 대한 코드는 다음을 참조한다.

```
from sklearn.ensemble import RandomForestClassifier
class Classifier:
  def __init__(self):
    self._forest = RandomForestClassifier()
    self._model = None
  def batch_train(self, observations):
    class_labels = map(lambda x: x[0], observations)
    class_inputs = map(lambda x: x[1], observations)
    self._model = self._forest.fit(class_inputs, class_labels)
  def classify(self, observation):
    return self._model.predict(observation)
```

sklearn과 연동시켜서 77%의 정확도를 얻었다. 이 결과는 우리가 구현한 나이브 베이즈 분류분석기의 성능과 거의 비슷하다. 다음 단계로 약간 시시할 수도 있지만, 우리가 만든 분석 모델의 성능보다 더 좋은 결과가 나오는지 보자. 다른 매개변수들에 대해 궁금하다면, 다음 주소를 참고해 값을 조정해보기 바란다.

http://scikit-learn.org/stable/modules/generated/sklearn.ensemble.
RandomForestClassifier.html

우리가 수정할 첫 번째 부분은 분류분석기의 생성자 내에 있는 max_features 매개변수다. 기본값이 10으로 설정되어 있다. 이는 랜덤 포레스트 알고리즘에서 10개의 트리tree가 생성됨을 의미한다. 이 값을 최대 100 이내로 변경한다. 테스트를 재실행하고나면, 정확도가 79% 이상으로 향상되는 것을 볼 수 있다. n_estimators를 500으로 증가시키면 정확도가 대략 75% 정도로 내려간다. 0에서 100 사이 값으로 설정된 다른 옵션들은 100 이상으로 수정한 다음, 정확도가 높아지는지, 낮아지는지를 확인해보기 바란다.

끝으로 수정할 사항이 하나 있다. 나이브 베이즈 분류분석기와 랜덤 포레스트 분류분석기를 하나로 묶어주는 인터페이스가 필요하다. 이를 위해, 랜덤 포레스트 분류분석기를 위해 사용한 배치batch 메소드에 대해 지속적으로 학습시키는 학습 메소드를 사용하는 기존의 테스트를 수정하면 된다.

이 테스트는 문제없이 잘 동작한다.

```
def
given_multiple_observations_for_two_classes_with_roughly_same_
variance_test():
  classifier = NaiveBayes.Classifier()
  classifier.batch_train([('a class',(0.0,)),
                          ('a class',(1.0,)),
                          ('a class',(75.0,)),
                          ('b class',(25,)),
                          ('b class',(99,)),
                          ('b class',(100,))])
  classification = classifier.classify(observation=(25,))
  assert classification == 'a class', "Should classify as the best
fit class."
  classification = classifier.classify(observation=(75.0,))
  assert classification == 'b class', "Should classify as the best
fit class."
```

이 테스트를 실행시키면, (당연히) 결과가 실패라고 나올 것이다. 하지만 이 테스트
를 통과시키는 건 매우 간단하다. NaiveBayes.Classifier 클래스에 다음 코드를
구현해 넣으면 된다.

```
def batch_train(self, observations):
  for label, observation in observations:
    self.train(label, observation)
```

요약

이 장에서는 약간의 조정 작업을 한 랜덤 포레스트 알고리즘보다 나이브 베이스
알고리즘이 성능이 살짝 더 좋게 나왔음을 확인했다. 가우시안 나이브 베이즈 분
류분석기에 대해 심도 있게 다루었고, 이를 블랙박스 형태로 활용하기 위해 랜덤
포레스트 알고리즘을 어떤 식으로 이해할지도 알아보았다.

다음 장에서는 sklearn과 같은 라이브러리를 좀 더 깊이 있게 알아볼 계획이다. 도큐멘테이션documentation을 구축하고 코드에 대해 학습하기 위해 TDD 기법과 단위 테스트 도구를 사용할 것이다. 이제까지 만든 클래스들을 가지고 계속 작업을 해 나갈 것이다. 또한 우리가 생각한 테스트/개발 과정을 sklearn과 외부 라이브러리를 사용해 테스트하는 새로운 방법도 알아볼 예정이다.

8

테스트 주도 기반
scikit-learn 학습

우리는 간단한 밑그림부터 시작해서 머신 러닝 분석 모델까지 만들어냈다. 분류분석기를 조정하는 방법에 대해서도 학습했고, 외부 라이브러리를 어떻게 사용하면 되는지도 이해하게 되었다. 이 모두를 테스트 주도 기법을 통해서 해왔다. 하지만 이러한 기술을 동원해 일체형 시스템을 어떻게 만드는지에 대해서는 다루지 않았다. 우리가 '일체형 시스템'이라고 부르는 것은 해당 소프트웨어 개발에 대해 유지관리와 제어가 가능하도록 지원한다는 점을 내포하고 있는 것이다. 만약 머신 러닝 프로젝트 전체를 구현하고 이에 대해 별로 걱정할 것이 없다면, 외부 라이브러리를 연동시킬 필요가 없을 것이다. 사실, 이렇게 하는 건 별로 좋지 않은데, 내부에 있는 라이브러리를 변경하는 것 자체가 시스템 전체를 다시 구현해야 하는 상황을 포함하고 있기 때문이다.

왜 이게 중요한가? 우리가 첫 분석 모델을 성공적으로 만든 후, 그 연장선상에서 성능 향상을 위해 어떤 작업을 했는가? 우리가 매우 좋은 라이브러리를 선택했다면, 분석 모델 조정을 위한 많은 옵션과 심지어 다른 모델들에 대한 옵션까지도 거기에 포함되어 있었을 것이다. 생각해보자. 여러분이 평생 하나의 머신 러닝 라이브러리만 써야 한다면? '이건 진짜 아니다'라고 생각할 것이다. 새 라이브러리를 학습하거나 새 라이브러리가 개발됨에 따라 시스템도 그에 맞추어 향상되었으면 하는 바람이 있을 것이다.

이 장에서는 스위치switch를 이용해서 나이브 베이즈 분류분석기 또는 랜덤 포레스트 분류분석기 중 하나를 선택할 수 있도록 하는 시스템을 개발할 것이다. 이렇게 하면, 분석 모델의 성능의 지속적인 개선이 가능한 플랫폼 개발을 시작할 수 있지 않을까 한다. 여기서, scikit-learn 라이브러리에 있는 다른 옵션을 사용하는 방법에 대해 TDD를 기반으로 배워나갈 것이다. 그러고 나면, 더 많은 분류분석기 옵션의 선택이 가능하도록 시스템에 추가 반영할 수 있을 것이다.

여러분의 손 끝에 있는 옵션들과 이들을 어떻게 사용해야 하는지 알아보기 위해 라이브러리의 다른 컴포넌트들과 상호 동작이 가능하도록 하는 도큐멘테이션 documentation을 만드는 데 TDD를 적용할 것이다.

이에 대한 힌트를 얻을 수 있는 핵심 개념부터 알아보자.

테스트 주도 설계

사실 지금까지는 테스트 주도 설계test-driven design에 대해서는 다루지 않았다. 이제부터 실제 문제에 테스트 주도 설계를 적용해볼까 한다. 다소 추상적인 면에 대해 고민할 수 있는 좋은 기회일 것이다.

테스트 주도 설계는 테스트 주도 개발에서 얻을 수 있는 가장 큰 가치가 우리가 설계한 코드의 결과물이라는 철학을 가지고 있다. 사실 이게 무슨 뜻인지 지금 바로 와닿지 않을 수도 있을 것이다. 우선 이런 문제에 대해 한 번 생각해보기 바란다. TDD를 이용해 설계된 코드가 사전에 설계 또는 작성된 코드와 얼마나 차이가 있는지? 이에 대한 답을 생각해보면, TDD를 통해 설계된 코드는 점진적으로 설계가 진행되고 반영되어, 현재 시점까지 만든 설계 결과가 문제 해결에 매우 효과적이라고 볼 수 있다. 여러분이 처음 작성했던 테스트인 'user' 코드를 생각해보기 바란다. 만약 코드가 테스트하기 어려운 상태라면 나중에 사용하는 데도 어려움이 있을 것이다.

우리가 나이브 베이즈 분류분석기를 개발할 때 이와 관련한 예제를 보았다. 테스트하기가 점점 어려워지는 상태로 가고 있었던 그 예제 말이다. 테스트 없이 계속 진도를 나가기보다는 이전 단계로 되돌아가서 우리가 시도했던 방법에 대해 다시 생각해보고, 처음에 했던 것보다 좀 더 단순한 형태로 해결 방안을 만들었다. TDD는 사실 테스트 주도 설계의 일부라고 생각할 수 있다. TDD를 사용해 결과가 엉망이 될 가능성이 있지만, 테스팅에 대한 피드백을 잘 참고하고, 리팩토링과 점진적인 설계에 이를 잘 반영시키면, 테스트 주도 설계를 제대로 실천하고 있다고 봐도 될 것이다. 이와 관련해 닥터 돕스Dr. Dobbs의 좋은 자료가 있으니 참고하기 바란다(http://www.drdobbs.com/architecture-and-design/test-driven-design/240168102). 여기서 말하고자 하는 핵심은 최적의 아키텍처 개발 시 테스트를 통해 차근차근 접근할 수 있으며, 이것이 테스트의 진정한 가치라고 할 수 있다는 것이다.

앞 장에서 다룬 일부 코드를 사용해 위에서 말한 내용을 좀 더 구체화해보자. 나이브 베이즈 분류분석기와 랜덤 포레스트 분류분석기로 돌아가서, 약간만 추가 작업을 해 이 2개의 분류분석기 중 하나를 선택할 수 있도록 스위치 기능이 있는 시스템을 만들어보자.

전체 개발 계획 수립

TDD는 코드를 점진적으로 설계하는 방법 중 하나지만, 그렇다고 우리가 설계에 대해 더 이상 생각을 안 해도 된다는 것은 아니다. 문제에 어떻게 접근하면 좋을지 생각하는 건 사실 상당히 중요하다. 테스트가 가능한 설계인지 증명이 안 되는지를, 먼저 개념적으로 생각해 놓는다는 차원에서 특히 그렇다.

나이브 베이즈 분류분석기와 랜덤 포레스트 분류분석기 코드를 다시 한 번 보자. 여기서 공통으로 들어가 있는 메소드나 함수가 있는가? 대략 batch_train과 classify 정도가 있는 것 같다. 파이썬에는 자바나 C#처럼 인터페이스 개념은 없지만, 만약 있다고 가정하면 다음처럼 형태로 되어 있을 것이다.

```
class Classifier:
    def batch_train(self, observations):
        pass
    def classify(self, observation):
        pass
```

자바나 C# 같은 프로그래밍 언어에서 인터페이스는 클래스에 필요한 메소드를 정의하는 데 유용하다. 특히, 상세한 기능 구현이 없이도 가능하다. 여기서, 클래스가 동작하는 데 필요한 인터페이스를 어떻게 사용하면 좋을지 클래스 정의를 좀 더 구체적으로 살펴보자. 즉, 2가지 다른 접근법을 사용하기 위해 스위치를 이용하는 시스템은 공통 인터페이스가 필요할 것이기 때문이다.

우리가 할 수 있는 것은 동일한 입력 데이터와 테스트 데이터를 가지고 분석 모델을 학습시키고 성능을 평가하고, '상품pseudo-production'에서 예측하는 데 쓰이도록 가장 좋은 분석 모델을 만드는 것이다. 우리가 사용할 기능이 어떤 것인지 결정하는 클래스를 만드는 동안, 현재 버전의 분류분석기를 사용할 필요는 없을 것이다. 이제까지 알고 있는 동작들을 가지고 가상의 분류분석기를 몇 개 더 만들어서 시스템이 이들 중에서 제대로 선택을 하는지 기능에 대한 테스트를 해볼 수 있을 것이다. 사실 이건 부가 작업이긴 하다. 하지만 문제에 대해 이런 식으로 접근해보려는 이유는 테스트가 단순하게 이루어지도록 하기 위해서다. 시스템의 각 컴포넌트에 대한 테스트를 개별적으로 한다는 것은 각 컴포넌트의 기능을 테스트해야 하기 때문이지, 각 컴포넌트들이 통합되어 나타나는 기능에 대한 것을 테스트하려는 게 아니기 때문이다.

분류분석기 선택 기능 개발(분류분석기 성능 평가용 테스트 실행이 수반된)

우선 가장 기본적인 시나리오를 테스트해보자. 입력값이 무엇이든 관계없는 ClassifierChooser가 주어졌을 때, 몇몇 입력값에 대해 분류분석 작업을 해보라고 하는 것이다. 이 시나리오를 예외처리exception 문으로 끝나는 경우로 다음과 같이 만들어보자.

```
@nose.tools.raises(NoClassifierOptionsException)
def given_no_model_options_test():
  classifier_chooser = ClassifierChooser()
  classifier_chooser.classify([42])
```

ClassifierChooser 클래스는 어떤 분류분석기를 사용하는 것이 적절한지를 선택하는 역할을 한다. 이렇게 설계하는 이유는 여러 종류의 분류분석기를 따로 고민할 필요 없이 코드를 호출하기만 하면 되게끔 하기 위한 것이다. 즉, 이 클래스를 어떻게 사용하면 되는지만 알면 문제가 없도록 한다는 것이다. 우선, 가장 단순한 2개의 분류분석기를 사용해보자. 하나는 예측값이 항상 true인 분류분석기고, 다른 하나는 예측 결과를 항상 false로 리턴하는 분류분석기다. 이 2가지 분류분석기를 사용하면 ClassifierChooser가 제대로 판단을 하는지도 확인할 수 있고, 시나리오에 대해 좀 더 명확하게 이해할 수 있을 것이다. 판단 기준이 '흑'인지 '백'인지 구분하는 것만큼 명확하기 때문이다.

첫 번째 테스트는 사용하려는 선택기chooser에 대해 분류분석기가 없을 경우, 이와 관련된 의미 있는 예외처리 결과를 리턴하면서 실패하는지를 확인하는 것이다. 이 테스트가 성공적으로 통과하기 위해서는 먼저 테스트가 실패를 하더라도 실패한 원인에 맞는 예외처리를 하도록 해야 한다. 이렇게 하려면 나타나지 않는 예외처리에 대해 에러 메시지를 받아오는 클래스가 잘 구현되어 있어야 한다. 가장 기본이 되는 이러한 클래스와 예외처리 부분을 구현한 다음(파일은 choosey.py라는 이름으로 저장한다), 다음과 같은 에러 메시지가 결과로 나오는지 확인해보자.

```
AssertionError: given_no_model_options_test() did not raise
NoClassifierOptionsException
```

다음 코드를 이용해 테스트를 수정한다.

```
class NoClassifierOptionsException(Exception):
  pass

class ClassifierChooser:
  def classify(self, input):
    raise NoClassifierOptionsException()
```

다음 단계의 테스트에 대해 고민하는 과정에서 이 클래스를 어떻게 사용할지를 생각해야 한다. 먼저, 테스트의 전체적인 구성을 다음과 같이 생각해볼 수 있다.

```
from choosey import *

def given_two_models_and_one_knows_the_answers():
  classifier_chooser = ClassifierChooser()
  classifier_chooser.choose_from([AlwaysRightClassifier(),
AlwaysWrongClassifier()])
  classifier_chooser.test_with(input=[1, 0, 1, 0],
                                     labels=[1, 0, 1, 0])
  classifier_chooser.train_with(input=[1, 0, 1, 0],
                                     labels=[1, 0, 1, 0])
  assert classifier_chooser.classify([1]) == 1, "should guess
correctly because it chose the best classifier."
  assert classifier_chooser.classify([0]) == 0, "should guess
correctly because it chose the best classifier."
```

이 테스트는 소프트웨어 개발의 최종 설계 시점을 미리 생각해보고 작성한 것이다. 이 테스트에 대해 생각하기 시작했을 때, 가장 큰 가치를 꼽는다면 원하는 것에 대해 필요한 정보를 모두 볼 수 있도록 해준다는 점일 것이다. 입력 데이터를 분류할 수 있도록 최소한 하나 이상의 분류분석기 옵션과 학습용 데이터, 테스트용 데이터, 입력 데이터를 분류분석하는 방법이 필요하다. 이에 대한 모든 정보가 필요하다면, 우리의 목표는 이것이 제대로 쓰이도록 하는 것이다. 그러면, 필요한 것을 추측하거나 정상적으로 동작을 하는지 여부를 확인하지 않아도 될 것이다.

잠시 생각해보니 데이터 전체를 확보할 때까지 유효한 객체가 없다는 점을 알게 되었다. 따라서 필요한 정보가 없는 상태에서 클래스 초기화가 진행될 경우 예외처리가 발생하도록 (1장에서 다루었던) 첫 번째 테스트를 수정할 것이다. 생성자는 적절한 입력 데이터가 있는지 확인하는 데 필요하다. 다음 코드를 참고해 테스트를 수정하고 재실행시켜보자.

```
@nose.tools.raises(NoClassifierOptionsException)
def given_no_model_options_test():
  classifier_chooser = ClassifierChooser()
```

현재 테스트의 결과는 실패이므로, 생성자에서 예외처리가 이루어지도록 해 보완한다. 코드를 리팩토링을 위해 다음 코드를 참고하기 바란다.

```
class ClassifierChooser:
  def __init__(self):
    raise NoClassifierOptionsException()
  def classify(self, input):
    raise NoClassifierOptionsException()
```

중요한 점은 테스트는 최소 몇 단계를 통과해야 한다는 점이다. 설사 리팩토링에 우리가 만든 클래스를 사용할 수 있어도 말이다. 여기서는 classify 메소드를 삭제해 코드를 리팩토링한다. 결과는 다음과 같다.

```
class ClassifierChooser:
  def __init__(self):
    raise NoClassifierOptionsException()
```

리팩토링 작업이 완료되었다면, 테스트를 재실행시켜보자. 모든 것이 문제없이 통과되었다면 이 문제의 핵심으로 넘어가보자. 다음 단계로, 일부 클래스에서 발생할 수 있는 가장 간단한 시나리오를 생각해보자. 예를 들면 다음과 같다.

```
def given_a_single_classifier_option_that_does_not_require_training_
test():
  classifier_chooser = ClassifierChooser(classifier_
options=AlwaysTrueClassifier())
  predicted_label = classifier_chooser.classify(42)
  assert predicted_label, "Should be true because that's all our
classifier predicts."
```

이 시나리오에는 하나의 분류분석기만 있으므로 비교 대상이 없고, 따라서 성능 테스트를 할 필요가 없다. 또한 항상 예측 결과값이 true이므로, 학습이 제대로 되었는지 확인할 필요도 없다. 뒤에서 여러 개의 분류분석기 중 하나를 선택하는 옵션 기능이 필요하다는 점은 알고 있지만, 그 옵션 목록의 개념 없이 시작한다는 점에 주목하기 바란다. 이와 동일한 사항이 classify 함수에 대한 입력값으로도 적용된다. 이 테스트가 문제없이 통과되도록 해보자. 가장 먼저 AlwaysTrueClassifier 클래스를 생성한다.

이 프로그램의 동작을 정의하는 간단한 테스트를 다음과 같이 생성해보자.

```
def given_an_AlwaysTrueClassifier_test():
  classifier = AlwaysTrueClassifier()
  predicted_label = classifier.classify(55)
  assert predicted_label == 1, "Should always predict one."
```

이 테스트를 통과시키는 건 쉽다. 다음과 같이 작은 클래스를 하나 생성한다.

```
class AlwaysTrueClassifier:
  def classify(self, input):
    return 1
```

문제없이 잘 되었다면, 메인 테스트의 실패에 대해 자세히 살펴보자. 다음 코드는 사실 변칙적인 방법이긴 하지만 테스트 실패 문제는 해결해준다.

```
class ClassifierChooser:
  def __init__(self, classifier_options=None):
    if classifier_options is None:
      raise NoClassifierOptionsException()
  def classify(self, input):
    return True
```

'이런 식으로 하면 안 되는 거 아니냐'라고 생각할 수도 있을텐데, 사실 그 부분에 대해 이해는 한다. 하지만 프로그램이 테스트 과정에서 문제없이 통과하는데 도움이 되므로, 다소 변칙적이긴 해도 필요할 경우 이후 작업에서 이런 식으로 해결해나가려고 한다. 바보처럼 생각될 정도로 우직하게 할수록, 테스트 모듈에서 고민해야 할 것들이 그만큼 줄어든다. 다음 테스트에서 이런 식으로 트릭을 썼던 것을 수정해보자.

```
def given_a_different_single_classifier_option_that_does_not_require_
training_test():
  classifier_chooser = ClassifierChooser(classifier_options=AlwaysFa
lseClassifier())
  predicted_label = classifier_chooser.classify(42)
  assert not predicted_label, "Should be false because that's
all our classifier predicts."
```

앞에서 실행시켰던 테스트와 기본적으로는 동일하지만 여기에 ClassifierChooser 기능을 추가할 것이다. 다음 코드를 이용해 테스트를 통과시켜보자.

```
class AlwaysTrueClassifier:
  def classify(self, input):
    return 1


class ClassifierChooser:
  def __init__(self, classifier_options=None):
    if classifier_options is None:
      raise NoClassifierOptionsException()
    else:
      self._classifier_options = classifier_options
  def classify(self, input):
    return self._classifier_options.classify(None)
```

다시 한 번 트릭을 쓰고 말았다! 실제로는 선택된 분류분석기에 입력 데이터가 전달되지 않고 있다. 테스팅하는 방법을 변경해 이 부분을 수정하면 된다. 항상 일관된 값만 리턴하는 분류분석기를 사용하지 않고, 입력값을 리턴하는 분류분석기 하나를 생성한다. 다음처럼 테스트를 작성하고 이를 구현해보자.

```
def given_a_CopyCatClassifier_test():
  classifier = CopyCatClassifier()
  input_value = 12.5
  predicted_label = classifier.classify(input_value)
  assert predicted_label == input_value, "Should predict the
value to be what the input is."
```

```
  input_value = 77
  predicted_label = classifier.classify(input_value)
  assert predicted_label == input_value, "Should predict the
value to be what the input is."
```

CopyCatClassifier 코드는 다음과 같다.

```
class CopyCatClassifier:
  def batch_train(self, observations):
    pass
  def classify(self, input):
    return input
```

코드를 깔끔하게 한다는 관점에서 덜 중요하다 싶은 부분에 있는 불필요하게 많은
처리 단계를 정리할 필요가 있다. CopyCatClassifier가 있으므로, 테스트에 이 클
래스를 사용하고, 이를 통해 우리의 테스트 시스템이 훨씬 깔끔해지는지 확인해보
자. 다음의 새 분류분석기를 사용하도록 두 번째 테스트를 다시 실행시킨다.

```
def given_a_single_classifier_option_that_does_not_require_training_
test():
  classifier_chooser = ClassifierChooser(classifier_
options=CopyCatClassifier())
  input_value = 42
  predicted_label = classifier_chooser.classify(input_value)
  assert predicted_label == input_value, "Should predict input
value."
```

이 테스트의 결과는 당연히 실패일 것이다. 선택된 분류분석기에 대해 우리
가 입력한 값이 잘 전달되게끔 테스트가 고쳐졌는지 확인해보자. 다음과 같이
ClassifierChooser를 수정하자.

```
class ClassifierChooser:
  def __init__(self, classifier_options=None):
    if classifier_options is None:
      raise NoClassifierOptionsException()
    else:
      self._classifier_options = classifier_options
  def classify(self, input):
    return self._classifier_options.classify(input)
```

모든 것이 문제없이 통과했다면 이제는 AlwaysTrueClassifier 또는 AlwaysFalse
Classifier가 필요없다고 생각할 수도 있다. 다음처럼 테스트 케이스를 하나 더
추가하고, 다른 테스트를 삭제해도 된다.

```
def given_a_single_classifier_option_that_does_not_require_training_
test():
  classifier_chooser = ClassifierChooser(classifier_
options=CopyCatClassifier())
  input_value = 42
  predicted_label = classifier_chooser.classify(input_value)
  assert predicted_label == input_value, "Should predict input
value."

  input_value = 11
  predicted_label = classifier_chooser.classify(input_value)
  assert predicted_label == input_value, "Should predict input
value."
```

자, 다음 단계로 분류분석기 옵션 목록을 가지고 동작하는 코드를 작성하자. 역할
은 각 분류분석기를 테스트해서 이들의 성능을 비교하고, 분류분석에 가장 좋은
분류분석기를 선택하는 것이다. 가장 간단한 버전의 테스트인지 우선 살펴보자.
만약 여전히 AlwaysTrueClassifier와 AlwaysFalseClassifier가 있다면, 학습할
필요 없이 이들을 모두 삭제한다. 그리고 우리의 테스트가 하나 이상의 분류분석
기를 사용할 수 있도록 만드는 데 집중하자. 앞에서 했던 과정들을 다시 한 번 잘
살펴보기 바란다.

다음 단계로, 뭔가 가치 있는 것을 뽑아냈으면 한다. 다음과 같이 간단한 테스트를
하나 만들자.

```
def given_multiple_classifier_options_test():
    classifier_chooser = ClassifierChooser(classifier_options_list=[
      AlwaysTrueClassifier(),
      AlwaysFalseClassifier()
    ],
    test_input=78,
    test_label=1)
```

```
    predicted_label = classifier_chooser.classify(0)
    assert predicted_label == 1, "Should choose best classifier
option to classify with."
```

이 테스트는 문제없이 잘 통과한다. 테스트가 얼마나 정확한지보다는 테스트 결과가 정상인지 아닌지로 나타난다. 한 문제를 입력받는 첫 번째 분류분석기는 곧바로 선택을 한다. 다음 코드를 참고하자.

```
class ClassifierChooser:
  def __init__(self,
                classifier_options=None,
                classifier_options_list=None,
                test_label=None,
                test_input=None):
    if not classifier_options_list is None:
      self._classifier_options_list =
classifier_options_list
      for classifier in classifier_options_list:
        predicted_label = classifier.classify(test_input)
        if predicted_label == test_label:
          self._classifier_options = classifier
    elif classifier_options is None:
      raise NoClassifierOptionsException()
    else:
      self._classifier_options = classifier_options
  def classify(self, input):
    return self._classifier_options.classify(input)
```

테스트가 통과했으니, 리팩토링할 것이 있는지 찾아보자. 이 코드는 꽤 복잡해 보인다. 그리고 다중 분류분석기 옵션과 비교해서 단일 클래스 옵션에 대해 매개변수를 분리했기 때문일 수도 있다. 다중 클래스 옵션 또는 단일 클래스 옵션에 대해 따로 static 메소드를 가진 코드를 리팩토링한다면? 아마도 코드에 쓰인 if의 개수를 줄일 수 있을 것이다.

우선 다음의 static 메소드를 추가한다.

```
@staticmethod
def create_with_single_classifier_option(classifier_option):
  return ClassifierChooser(classifier_options_list=[classifier_
option])
```

다음 단계로, 단일 클래스 옵션을 포함하도록 테스트를 리팩토링하고, 테스트 모 듈suite을 재실행시켜서 여전히 문제없이 통과하는지 확인한다.

```
def given_a_single_classifier_option_that_does_not_require_training_
test():
  classifier_chooser =
ClassifierChooser.create_with_single_classifier_
option(CopyCatClassifier())
  input_value = 42
  predicted_label = classifier_chooser.classify(input_value)
  assert predicted_label == input_value, "Should predict input
value."
```

모든 테스트는 여전히 잘 통과하고 있으니, 다음 리팩토링 작업으로 넘어가보자. 생성자 내에 있는 classifier_options 매개변수를 삭제해도 된다. 리팩토링 작업 을 해도 테스트는 통과 상태를 유지하고 있을 것이다.

```
class ClassifierChooser:
  def __init__(self,
    classifier_options_list=None,
    test_label=None,
    test_input=None):
    if not classifier_options_list is None:
      self._classifier_options_list =
classifier_options_list
      for classifier in classifier_options_list:
        predicted_label = classifier.classify(test_input)
        if predicted_label == test_label:
          self._classifier_options = classifier
        else:
          raise NoClassifierOptionsException()
```

이제, classifier_options_list 매개변수를 기본값으로 설정하지 않아도 된다는 것이 명확해졌다. 또 다른 에러를 예상해야 하지만 이건 그다지 어렵지 않다. 예외처리를 할 수 있도록 테스트를 수정해보자. 리팩토링 작업은 다음 코드와 같이 생성자에 반영시킨다.

```
def __init__(self,
             classifier_options_list,
             test_label=None,
             test_input=None):
    for classifier in classifier_options_list:
        predicted_label = classifier.classify(test_input)
        if predicted_label == test_label:
            self._classifier_options = classifier
```

모든 테스트가 잘 통과하긴 했지만, 왜 그런지 이유가 명확하지 않다. 어떻게 단일 분류분석기 옵션 시나리오가 통과한 것일까? 이건 어쩌면 이런 경우에 한 번도 사용되지 않아서 그런 것처럼 보인다.

무슨 이야기냐면, 단일 분류분석기 옵션만 있는 경우, 테스트 데이터는 None에서 바뀌지 않는다는 것이다. 이것은 테스트 입력은 None이고, CopyCatClassifier는 테스트는 통과했다고 그대로 내보내는 것을 의미한다. 완전히 재난 수준의 '대형 사고'다. 시나리오에 맞추어 다른 테스트를 하나 더 추가해야 한다. 다음 코드를 보자.

```
def
given_a_different_single_classifier_option_that_does_not_require_
training_test():
    classifier_chooser =
ClassifierChooser.create_with_single_classifier_
option(AlwaysTrueClassifier())
    input_value = 42
    predicted_label = classifier_chooser.classify(input_value)
    assert predicted_label, "Should always predict True."
```

이 테스트는 에러 메시지를 낸다. 에러 메시지의 내용은 클래스에 있어야 할 속성인 _classifier_options가 없다는 내용이다. 매칭되는 것을 설정할 수 없기 때문에 이것이 필요하다. 이런 경우에 첫 번째 분류분석기를 기본값으로 설정한다. 테스트가 통과되도록 다음 코드를 참고해 구현한다.

```
def __init__(self,
             classifier_options_list,
             test_label=None,
             test_input=None):
  self._classifier_options = classifier_options_list[0]
  for classifier in classifier_options_list:
    predicted_label = classifier.classify(test_input)
    if predicted_label == test_label:
      self._classifier_options = classifier
```

자, 다음 단계는 정확도를 테스트하기 위해 여러 입력 데이터와 레이블을 사용하도록 만드는 것이다. 다음처럼 테스트를 작성하자.

```
def
given_multiple_classifier_options_and_several_test_data_test():
  classifier_chooser = ClassifierChooser(classifier_options_list=[
          AlwaysFalseClassifier(),
          AlwaysTrueClassifier()
    ],
    test_input=[78,22,12],
    test_label=[1,1,0])
  predicted_label = classifier_chooser.classify(0)
  assert predicted_label == 1, "Should choose best classifier option
to classify with."
```

놀랍게도, 우리가 코드상에서 AlwaysTrueClassifier를 앞에 놓으면 테스트가 문제없이 통과한다. 이는 예측한 값이 아무것도 없는 리스트이기 때문이다. 따라서 ClassifierChooser는 그저 기본값으로 첫 번째 옵션을 선택하게 된다. 이렇게 테스트를 설정해 놓으면 아무것도 일어나지 않게 된다. 따라서 현재 테스트는 실패 상태라고 봐야 한다. 분류분석기가 더 잘 실행되도록 하려면 ClassifierChooser가 필요하다.

테스트를 다시 통과시키기 위해 다음 코드를 참고한다.

```
class ClassifierChooser:
  def __init__(self,
               classifier_options_list,
               test_label=None,
               test_input=None):
```

```
      if not isinstance(test_label, collections.Iterable):
        test_label = [test_label]
        test_input = [test_input]
    self._classifier_options = classifier_options_list[0]
    highest_score = 0
    for classifier in classifier_options_list:
        number_right = 0
        for input_value, correct_value in zip(test_input,
test_label):
            predicted_label = classifier.classify(input_value)
            if predicted_label == correct_value:
                number_right += 1
        if number_right > highest_score:
            self._classifier_options = classifier
```

인스턴스 타입을 임시로 수정하도록 검사한다. 이렇게 하면 테스트 전체를 리팩토링할 필요가 없으면서도, 이 테스트를 통과시킬 수 있다. 이를 피하고자 하는 이유는 우리의 코드가 제어 불능 상태로 빠르게 바뀔 수 있기 때문이다.

테스트가 통과했으니, 코드를 리팩토링해보자. 첫 번째 단계는 단일 학습 입력 데이터와 레이블을 사용하는 테스트를 변경하는 것이다. 이렇게 하면 다음 코드와 같이 단일 아이템의 리스트를 통과시킨다.

```
def given_multiple_classifier_options_test():
    classifier_chooser = ClassifierChooser(classifier_options_list=[
        AlwaysTrueClassifier(),
        AlwaysFalseClassifier()
    ],
    test_input=[78],
    test_label=[1])
  predicted_label = classifier_chooser.classify(0)
  assert predicted_label == 1, "Should choose best classifier
option to classify with."
```

모든 테스트가 문제없이 통과한다. 다음 단계는 리스트가 아닌 것들이 통과한 경우 이들을 처리해 삭제하는 것이다. 이렇게 변경하면 많은 테스트에서 난리가 날 것이다. 코드를 잘 보면, 이런 일이 일어날 법하다. 레이블과 입력 데이터가 아무

것도 없는 상태여도 그대로 통과되기 때문이다. 사실, 이런 건 전부 통과되서는 안되는 경우인데 말이다.

이 문제를 해결하기 위해서는 다음처럼 기본 생성자를 수정해야 한다.

```python
def __init__(self,
             classifier_options_list,
             test_label=[],
             test_input=[]):
```

모든 테스트가 정상적으로 통과했다!

이제, 데이터에 대해 우리가 구현한 분류분석기를 학습시킨다는 개념을 테스트 전에 추가해야 한다. 여기서는 테스트를 통과하지 않고 테스트 지향적인 분류분석기를 구현하는 데에 약간 변칙적인 아이디어를 적용하려고 한다(아주 훌륭한 건 아니지만). 여기서, 여러분은 클래스 테스팅을 어떻게 하는지 상상해보기 바란다. 테스트와 클래스에 관련된 코드는 다음과 같다.

```python
def given_a_dictionary_classifier_test():
  classifier = DictionaryClassifier()
  classifier.batch_train([
    (42, (1,2,3)),
    (2, (2,3,4)),
  ])
  assert classifier.classify((1,2,3)) == 42
  assert classifier.classify((2,3,4)) == 2


class DictionaryClassifier:
  def __init__(self):
    self._memory = {}
  def batch_train(self, observations):
    for label, observation in observations:
      if not observation in self._memory:
        self._memory[observation] = label
  def classify(self, observation):
    return self._memory[observation]
```

ClassifierChooser로 학습할 수 있도록 간단한 테스트 케이스를 써보자(물론 다른 테스트 케이스보다는 훨씬 복잡하지만).

```
def given_multiple_classifier_options_and_several_test_data_with_
training_test():
  classifier_chooser = ClassifierChooser(classifier_options_list=[
        DictionaryClassifier(),
        AlwaysFalseClassifier(),
        AlwaysTrueClassifier()
    ],
    test_input=[(1,2), (3,4)],
    test_label=[3,7],
    training_inputs=[(1, 2), (3, 4), (5, 6)],
    training_labels=[3, 7, 11])
  predicted_label = classifier_chooser.classify((5,6))
  assert predicted_label == 11, "Should choose best classifier
option to classify with."
```

이 테스트의 결과는 실패다. 따라서 통과할 수 있도록 바꿔보자. 분류분석기에서 batch_train을 콜_call하는 개념을 도입할 경우, 실행하면 에러가 날 것이다. 단순 테스트 분류분석기에 이 메소드를 추가하지 않았기 때문이다. 현재 이 테스트의 결과는 실패이므로, 각 분류분석기에 batch_train 메소드만 추가하자.

다음 코드는 테스트가 통과되도록 ClassifierChooser의 생성자를 업데이트한 것이다.

```
def __init__(self,
            classifier_options_list,
            test_label=[],
            test_input=[],
            training_labels=[],
            training_inputs=[]):
  self._classifier_options = classifier_options_list[0]
  highest_score = 0
  for classifier in classifier_options_list:
    classifier.batch_train(zip(training_labels,
training_inputs))
    number_right = 0
    for input_value, correct_value in zip(test_input,
```

```
test_label):
        predicted_label = classifier.classify(input_value)
        if predicted_label == correct_value:
          number_right += 1
        if number_right > highest_score:
          self._classifier_options = classifier
```

그리고 다음 코드는 단순 분류분석기를 업데이트한 결과다.

```
class AlwaysTrueClassifier:
  def batch_train(self, observations):
    pass
  def classify(self, input):
    return 1
```

이들 중 하나만 나타나겠지만, 왜 결과가 그렇게 나오는지 이해하는 게 더 중요하다. 여기서, 우리가 앞 장에서 개발했던 나이브 베이즈 분류분석기와 랜덤 포레스트 분류분석기가 포함된 ClassifierChooser를 사용하도록 한 것은 좋은 방안이라고 보인다. 그 다음 scikit-learn에서 다른 옵션을 더 알아본다.

알고리즘의 신중한 선택을 위한 선택 기능 개선

이제, 우리가 앞에서 개발했던 분류분석기를 연결시켜보자. 이를 위해 테스트 프레임워크에서 작업을 할 계획이지만, 진짜 테스트는 아직 만들지 않을 것이다. 단지 연동만 시키고 동작만 하도록 해보자.

이를 위해, 무조건 실패하는 테스트를 하나 만들고, 테스트와 ClassifierChooser 내에 print 문을 일부러 넣어서 처리 결과를 볼 수 있도록 한다. 실제 상황과 비슷한 시나리오에 가깝게 만들 것이기 때문에 이 테스트는 약간 복잡할 것이다. 다음 코드를 보자.

```
def given_real_classifiers_and_random_data_test():
  class_a_variable_a = numpy.random.normal(loc=51, scale=5,
size=1000)
  class_a_variable_b = numpy.random.normal(loc=5, scale=1,
```

```
size=1000)
  class_a_input = zip(class_a_variable_a, class_a_variable_b)
  class_a_label = ['class a']*len(class_a_input)
  class_b_variable_a = numpy.random.normal(loc=60, scale=7,
size=1000)
  class_b_variable_b = numpy.random.normal(loc=8, scale=2,
size=1000)
  class_b_input = zip(class_b_variable_a, class_b_variable_b)
  class_b_label = ['class b']*len(class_b_input)
  classifier_chooser = ClassifierChooser(classifier_options_list=[
      CopyCatClassifier(),
      libs.NaiveBayes.Classifier(),
      libs.RandomForest.Classifier()
    ],
    test_input=class_a_input[50:500] + class_b_input[50:500],
    test_label=class_a_label[50:500] + class_b_label[50:500],
    training_inputs=class_a_input[:50] + class_b_input[:50],
    training_labels=class_a_label[:50] + class_b_label[:50])
  print classifier_chooser._classifier_options
  assert False
```

libs.NaiveBayes.Classifier와 libs.RandomForest.Classifier는 앞 장에서 구현한 코드를 참고한다. 이 테스트 코드를 잘 보면 분류분석기를 위해 구현했던 모듈이 있으므로, 이들을 그냥 사용하면 된다. 이 테스트의 제일 첫부분에서 클래스 a라는 임의의 클래스를 표현하는 임의의 데이터를 생성한다. 이 데이터를 생성한 후, 분류분석기가 예상하는 스키마와 매칭되도록 한 곳으로 다 모은다. 그 다음, 다음 절에서 하는 것과 동일한 작업을 수행한다. 즉, 가상의 클래스 b를 나타내는 데이터를 생성한다.

ClassifierChooser를 초기화하면, 분류분석기 옵션은 랜덤 포레스트 분류분석기와 나이브 베이즈 분류분석기에 입력되어 있는 값 그대로 세팅된다. 물론, CopyCatClassifier가 최악의 결과를 낼 것으로 예상한다. 앞 장에서 본 결과처럼 나이브 베이즈 분류분석기가 랜덤 포레스트 분류분석기보다 더 좋은 성능을 낼 것이다.

다음으로, 학습 데이터로 넘어가보자. 이 데이터는 분류분석기가 학습 데이터를 이용해 얼마나 잘 학습이 되었는지를 테스트하는 데 사용될 것이다. 분류분석기가 일반적인 데이터에 대해서도 잘 동작하도록 전체 데이터에서 적당한 크기로 샘플을 추출하면 된다.

끝으로 우리의 선택기chooser가 최종적으로 선택한 분류분석기를 화면에 출력한다. 선택기 내부에 각 분류분석기가 테스트 과정에서 얼마나 잘 결과를 냈는지 결과를 출력하도록 print 문을 추가했다. 생성자는 다음 코드와 같이 구현한다.

```
def __init__(self,
             classifier_options_list,
             test_label=[],
             test_input=[],
             training_labels=[],
             training_inputs=[]):
  self._classifier_options = classifier_options_list[0]
  highest_score = 0
  for classifier in classifier_options_list:
    classifier.batch_train(zip(training_labels,
training_inputs))
    number_right = 0
    for input_value, correct_value in zip(test_input,
test_label):
      predicted_label = classifier.classify(input_value)
      if predicted_label == correct_value:
        number_right += 1
    if number_right > highest_score:
      self._classifier_options = classifier
    print('Classifier: {0}; Number right:
{1}'.format(classifier, number_right))
```

테스트 결과는 다음과 같다.

```
------------------ >> begin captured stdout << ----------------------
Classifier: <choosey.CopyCatClassifier instance at 0x107433f38>; Number right: 0
Classifier: <libs.NaiveBayes.Classifier instance at 0x107433f80>; Number right: 811
Classifier: <libs.RandomForest.Classifier instance at 0x107433fc8>; Number right: 809
<libs.RandomForest.Classifier instance at 0x107433fc8>
```

예상대로 CopyCatClassifier는 결과가 매우 좋지 않다. 정답이 하나도 없다. 나이브 베이즈 분류분석기는 batch_train 메소드가 없을 수도 있으므로, 구현해야 할 수도 있다. 나이브 베이즈 분류분석기는 랜덤 포레스트 분류분석기보다 좋은 결과를 냈지만 차이는 크지 않다.

우리는 실제 분류분석기와는 별도로 ClassifierChooser를 개발했다. 클래스가 작업하는 것에 대량의 통제가 가능하도록 하려고 했기 때문이다. 우리는 일부 제한된 값이 있을 수 있는 클래스를 추가로 생성했다. 단순해 보이는 샘플 클래스 세트를 제공하면, 다른 프로그래머들이 이것을 이용해 시스템 개발이 가능해진다. 그들이 이에 대해 계속 배우려고 할수록 말이다. 무엇보다도 우리의 테스트 도구는 어떻게 우리의 코드가 사용될지를 보여줄 수 있는 도큐멘테이션 형태로 제공한다. 약간 멍청할 수도 있는 분석 모델을 이용하면 머신 러닝 알고리즘에 대한 지식이 많지 않아도 되게끔 할 수도 있다. 우리의 접근 방식이 한 번에 하나의 클래스를 개발하도록 한 것처럼, 다른 사람들도 그렇게 우리의 클래스에 대해 배우도록 하자.

이제, 새 알고리즘을 찾기 위해 scikit-learn 라이브러리에 대해 깊이 있게 다룰 것이다. 이를 통해 단순한 플랫폼을 본격적으로 시작해보자.

테스트가 가능한 도큐멘테이션 개발

여기서는 다른 분류분석기 알고리즘에 대해 알아보고, 각각의 장단점도 학습해볼 것이다.

의사결정 트리 알고리즘

의사결정 트리 알고리즘Decision tree에 대해 알아보자. 자세한 내용은 scikit-learn 문서를 참고하기 바란다. 주소는 http://scikit-learn.org/stable/이다. 사이트에 들어가서 어떻게 의사결정 트리 알고리즘을 사용하는지 설명해놓은 예제를 살펴보자. 다음 테스트는 간단한 예제에 대해 상세 부분을 아주 단순화시켜 놓았다.

```
from sklearn.tree import DecisionTreeRegressor

def decision_tree_can_predict_perfect_linear_relationship_test():
  decision_tree = DecisionTreeRegressor()
  decision_tree.fit([[1],[1.1],[2]], [[0],[0],[1]])
  predicted_value = decision_tree.predict([[-1],[5]])
  assert list(predicted_value) == [0,1]
```

가장 분류분석이 잘 된 알고리즘을 이용해 시작하는 게 좋은데, 이는 선형 관계linear relationship를 가진 데이터를 정확하게 분류할 수 있다는 가정을 내포하고 있기 때문이다. 이 테스트는 문제없이 통과했을 것이다. 테스트를 좀 더 자세히 살펴보자.

이제 좀 더 큰 테스트를 작성해볼 수 있을 것 같다. 나이브 베이즈 분류분석기와 랜덤 포레스트 분류분석기를 가지고 분류분석 작업을 했던 동일한 데이터에 대해 의사결정트리 알고리즘이 얼마나 효과가 있는지를 알아보는 테스트다. 이 테스트는 다음처럼 구현할 수 있다.

```
def exploring_decision_trees_test():
 decision_tree = DecisionTreeRegressor()

  class_a_variable_a = numpy.random.normal(loc=51, scale=5,
size=1000)
  class_a_variable_b = numpy.random.normal(loc=5, scale=1,
size=1000)
  class_a_input = zip(class_a_variable_a, class_a_variable_b)
  class_a_label = [0]*len(class_a_input)

  class_b_variable_a = numpy.random.normal(loc=60, scale=7,
size=1000)
  class_b_variable_b = numpy.random.normal(loc=8, scale=2,
size=1000)
  class_b_input = zip(class_b_variable_a, class_b_variable_b)
  class_b_label = [1]*len(class_b_input)

  decision_tree.fit(class_a_input[:50] + class_b_input[:50],
                    class_a_label[:50] + class_b_label[:50])

  predicted_labels_for_class_a = decision_tree.predict(class_a_
input[50:1000])
```

```
    predicted_labels_for_class_b = decision_tree.predict(class_b_
input[50:1000])

    print("Class A correct: {0}; Class B correct: {1}".format(
        list(predicted_labels_for_class_a).count(0),
        list(predicted_labels_for_class_a).count(1)))

    assert False
```

이 코드에는 테스트가 실패하도록 하는 assert가 포함되어 있다. 이에 따라, 분류 분석기 클래스별로 얼마나 잘 작동했는지 결과를 볼 수 있다. 결과 화면을 보면, 클래스 a를 예측했을 경우, right 835회라는 결과와 클래스 b를 예측했을 때는 right 115회라는 결과가 나왔을 것이다. 이건 상당히 한쪽으로 치우친 결과를 내는 분류분석기라는 걸 보여준다. 학습용 데이터 크기를 늘려서 이 부분이 개선되는지 살펴보자.

올바르게 분류된 숫자는 실제로 더 작아졌지만, 이는 테스트 데이터에서 항목을 더 줄여서다. 이렇게 된 이유는 이를 학습용 데이터로 옮겼기 때문이다. 다른 매개변수와 합쳐서 트리가 더 나은 결과를 보이는지 살펴보자. 한편, 우리가 발견한 결과에 따라 assert를 추가할 것이다.

이 assert는 좀 더 큰 규모의 테스트에서 동작할 것이다.

```
assert list(predicted_labels_for_class_a).count(0) > list(predicted_
labels_for_class_a).count(1), "For some reason when
the decision tree guesses class a it's usually right way more than
when it guesses class b."
```

의사결정 트리 알고리즘을 위한 간단한 클래스를 하나 생성하고, 이를 Classifier Chooser로도 값을 전달하도록 설정하자.

먼저 사용할 코드의 뒷부분에 어댑터를 추가해야 한다. 다음처럼 해보자.

```
import libs.DecisionTree
def decision_tree_can_predict_perfect_linear_relationship_test():
  decision_tree = libs.DecisionTree.Classifier()
  observations = decision_tree.batch_train(((44, (1,2)), ((10,
(45, 49)))))
```

```
answer = decision_tree.classify((1,2))
assert answer == 44, "Should be the answer it was trained on."
```

이제 테스트가 통과했다. 어댑터는 다음과 같다.

```
from sklearn.tree import DecisionTreeRegressor
class Classifier:
    def __init__(self):
        self._decision_tree = DecisionTreeRegressor()
        self._model = None
    def batch_train(self, observations):
        class_labels = map(lambda x: x[0], observations)
        class_inputs = map(lambda x: x[1], observations)
        observations = self._decision_tree.fit(class_inputs,
class_labels)
        pass
    def classify(self, observation):
        return self._decision_tree.predict(observation)
```

의사결정 트리 알고리즘에 포함된 또 다른 가정 하나는 모든 데이터가 정량적 quantitative이어야 한다는 점이다. 즉, (텍스트 데이터 내지는 그와 같은 형태인) 정성적 qualitative이어서는 안 된다는 점이다. 이러한 이유로, 클래스에 대해 0과 1이 되도록 테스트를 수정해야 한다. 테스트를 재실행시키면 다음처럼 결과가 나타날 것이다.

```
-------------------- >> begin captured stdout << --------------------
Classifier: <choosey.CopyCatClassifier instance at 0x10481b0e0>; Number right: 0
Classifier: <libs.NaiveBayes.Classifier instance at 0x10481b128>; Number right: 827
Classifier: <libs.RandomForest.Classifier instance at 0x10481b170>; Number right: 808
Classifier: <libs.DecisionTree.Classifier instance at 0x10481b1b8>; Number right: 780
<libs.DecisionTree.Classifier instance at 0x10481b1b8>

-------------------- >> end captured stdout << --------------------
```

하지만 우리의 의사결정 트리 알고리즘의 성능은 다른 2개의 알고리즘보다 좋지 않았다. 또한 우리의 도큐멘테이션 테스트도 업데이트할 필요가 있고, 의사결정 트리 알고리즘에서 일종의 정성적 데이터가 필요하다는 점도 명확하게 해놓을 필요가 있다.

다음처럼 테스트를 수행한다. 도큐멘테이션 시작 부분에도 이를 명확히 반영시켰다.

```
@nose.tools.raises(Exception)
def decision_tree_can_not_predict_strings_test():
  decision_tree = DecisionTreeRegressor()
  decision_tree.fit([[1],[1.1],[2]], [['class a'],['class
a'],['class b']])
  predicted_value = decision_tree.predict([[-1],[5]])
```

요약

이 장에서는 많은 내용을 다루었다. 한 번 더 얘기하자면, 구체적인 소프트웨어 개발을 위해서 작은 규모의 단계를 점진적으로 여러 번 거쳐왔다. 복잡한 머신 러닝 알고리즘과 우리 만든 ClassifierChooser를 분리해 테스트할 수 있도록 객체지향 기법도 적용했다. 심지어, 더 복잡한 알고리즘을 따로따로 분리해 동작시키도록 초간단 테스트 분류분석기를 만들기도 했다.

이제 우리는 머신 러닝을 테스트할 수 있는 시스템의 초기 버전을 만들었다. 이 시스템은 가장 좋은 분류분석기를 선택하는 데 쓰이는 측정 기준도 가지고 있다. 또한 프로젝트에서 외부 알고리즘을 불러오는 패턴도 만들었는데, 이는 어댑터 내에 외부 라이브러리를 랩핑한 코드를 포함하고 있다. 이는 외부 라이브러리에 우리의 시스템을 맞추기보다는 필요한 외부 라이브러리를 우리가 필요한 곳에 잘 맞출 수 있게 되므로, 결과적으로 코드 모듈화가 쉬워진다.

다음 장에서는 우리가 이제까지 학습한 개념들을 모두 합칠 것이다. 실제 환경에서 이루어지는 마케팅 켐페인 같은 프로젝트를 할 것이다. 이 프로젝트에는 이익 profit을 최대화하고 손실loss을 최소화하기 위해 다양한 머신 러닝 기술을 조합해 적용할 것이다. 또한 우리의 코드와 결합도가 매우 높은 scikit-learn 라이브러리의 영향도를 낮출 수 있는 방안에 대해서도 심도 있게 알아볼 것이다.

9

전체 통합 작업

이 장에서는 마케팅 과제 해결과 관련해 앞에서 어떤 것들을 학습했는지 살펴본다. 광고 캠페인을 최적화하기 위해 분류분석 기법, 회귀분석 기법을 사용할 것이다. 가장 먼저, 앞 장에서 다룬 분석 모델을 구현해 시간에 따라 이 분석 모델의 성능이 지속적으로 개선되도록 할 것이다. 분석 모델의 성능 측정에 간단한 측정 기준을 사용하는 것과는 별도로, 어떤 상품을 푸시push할 수 있는지 알아내기 위한 계산 방법을 심도 있게 알아보고 자동화할 것이다. 이 장에서 해결하려는 과제를 보통 '업리프트 모델링uplift modeling'이라고 부른다.

접근 방법은 다음과 같다. 여러분이 직접 더 많은 사업을 발굴하는 데 메일을 이용해 캠페인을 하는 새로운 방법을 도입하려고 한다고 가정해보자. 개별 메일을 발송하는 것이 비용 절감 측면에서 이상적이므로, 수익이 발생할 것 같은 사람들에게만 마케팅 캠페인을 보내고 싶을 것이다. 가장 먼저, 여러분의 연락을 받았을 때 여러분이 운영하는 서비스 사용을 중단할 가능성이 있는 사람들이 있을 것이다(보통 이런 사람들을 '슬리핑 독sleeping dog'이라고 한다). 바꾸어 말하면, 이런 사람들에게 메일을 보내는 것은 마지막 수단과 같다고 보면 된다. 최우선으로 생각할 사항은 우리가 설득할 수 있을 것 같은 사람들에게만 집중을 하더라도, 일부 사람들은 다른 사람들보다 더 많은 돈을 쓸 것이라는 점이다. 어쨌든 우리의 최종 목표는 수익을 극대화하는 것이다. 어떻게 하면 될까?

문제 정의의 일부를 들여다보면, 몇 가지 사항을 뽑아낼 수 있다. 우선, 메일 발송을 통해 긍정적 의사를 얻어낼 수 있는 고객을 구별한다. 이는 분류분석 문제를 해결하는 것과 유사하다. 아직 데이터를 어떻게 확보할지 알 수 없지만, 간단하게 이 정도로는 얘기해볼 수 있겠다.

다음 단계로 해야 할 작업은 데이터에 기반해 고객이 구매할 때 수익을 최적화하는 것이다. 이는 분류분석보다는 예측분석에 가깝다. 이는 우리가 메일을 보내는 고객별로 기댓값을 극대화하는 문제라고 볼 수 있다.

이를 위해, 얼마나 구매 의사가 있는지를 파악하는 예측분석기가 필요할 것이다. 또 그들이 무언가를 샀다면 얼마나 많은 돈을 쓸지 우리에게 알려주는 기능도 필요할 것이다. 우리는 수식을 극대화하는 것이 목표이므로, 캠페인에 의해 고객이 오히려 떠난다든지, 그에 따른 고객 관리 차원의 손실액 등을 고려해야 할 필요가 있다. 이러한 모든 것들을 종합해 다음과 같이 수학적으로 우리의 요구사항을 정리할 수 있다.

- $P(B|C)$ = (광고 캠페인이 없는) 조건하에서 구매를 할 확률
- $ExpectedProfit(C)$ = 구매를 결정했다고 가정한 고객으로부터 나오는 기대수익
- $P(B|V)$ = 광고 캠페인과 같이 변경한 결과variant가 주어졌을 때 구매를 할 확률
- $AdCost(C)$ = 각 고객별로 메일을 보내는 비용. 대체로 $0.40 정도의 상수값이다.

위의 변수들을 수학적 모델로 하나로 합치면 다음과 같다.

$$Profit(C) = P(B|V) * ExpectedProfit(C) - P(B|C) * ExpectedProfit(C) - AdCost(C)$$

다음과 같이 간단하게 정리할 수 있다.

$$Profit(C) = ExpectedProfit(C) * [P(B|V) - P(B|C)] - AdCost(C)$$

이는 이 책에서 우리가 봐왔던 문제 중 가장 복잡한데, 우리는 이미 이에 대한 데이터가 있다! 데이터 확보 역시 같은 수준의 작업일 것이다. 분석 모델의 각 측면을 자세히 알아보자.

우선, $P(B|C)$를 예측하는 분석 모델을 만들려면 어떻게 해야 할까? 고객이 구매할지, 구매하지 않을지에 대한 데이터는 통제 테스트_{control test}를 통해 생성되는 것이 가장 좋다. 이들 중 50%의 고객을 대상으로 메일 발송 서비스를 하고, 나머지 50%에 대해서는 하지 않는 식으로 구분할 수 있다. 이를 통해, 메일 발송 서비스가 얼마나 고객의 행동에 변화를 주는 데 효과적인지 말할 수 있다. 예측에 사용될 변수로 고객별로 이 데이터가 있다고 가정하면, 어떤 답을 찾는지 꽤 명확해 보인다. 알고리즘의 장점을 잘 활용하기 위해 나이브 베이즈 분류분석을 생각해볼 수 있다. 교과서적인 확률 계산 결과를 알아보는 셈이기 때문이다. $P(B|V)$도 동일한 접근 방법으로 해결이 가능할 것처럼 보인다.

$ExpectedProfit(C)$에 대해, 고객 데이터를 입력값으로 받는다. 이러한 고객이 주문을 했다면 얼마나 비용을 낼지 평균 액수를 예측하려고 한다. 회귀분석 문제로 볼 수 있다.

$AdCost(C)$는 상수로 보면 된다. 이 변수를 모델링할 필요는 없다.

상위 개념 수준에서 시작

현재 진행 중인 작업들이 많이 있다. 상위 개념의 문제를 어떻게 풀어나갈지에 대해 생각해서 이를 단순화시키고, 나중을 위해 다른 방법들도 저장해 놓는다. 이와 별도로, 앞에서 이미 회귀분석과 분류분석 알고리즘을 구현해 놓았다. 가장 최악의 경우는 새로운 코드를 사용하기 위해 리팩토링해야 할 수도 있다는 점이다. 우선, 슬리핑 독과 설득이 될 만한 사람들을 구별해내는 분류분석기를 구현할 것이다. 이를 이용해 신규 비즈니스를 만드는 데 광고 비용을 얼마나 들일지, 또 광고에 짜증내는 고객의 수를 가능한 한 줄이는 방안 등을 최적화할 수 있다. 다음 코드는 상위 개념 수준의 테스트다.

```
import nose.tools as nt
def given_a_sleeping_dog_test():
  classification_model = SimplisticClasses.
PersuadableAndSleepingDogClassifier()
  regression_model = SimplisticClasses.
AllCasesHaveSameProfitRegressionModel()
  customer = ('60602', 'male')
  ad_name = assign_ad_for(customer, classification_model,
regression_model)
  nt.assert_equal(ad_name, 'control', "Should let sleeping dogs
lie.")
```

여기서, 모든 분석 모델에 대해 동일한 결과를 리턴하는 회귀분석 클래스를 사용해 단순화시켰다. 나중에는 조금 더 복잡해질 것이다. 다음으로 PersuadableAndSleepingDogClassifier가 아직 구현되지 않았다는 점에 주목하자. 하지만 언제든 구현은 가능하다. 다음에 소개되는 꽤 큰 규모의 테스트에 이 클래스가 어떻게 동작하는지에 대한 설명이 포함되어 있다.

```
def
given_a_classifier_where_the_variant_improves_and_females_more_so_
test():
  classifier =
SimplisticClasses.VariantImprovesAndFemaleMoreSoClassifier()

  # 캠페인을 통해 고객이 설득 가능한 경우
  order_probability = classifier.probability(('control',
'60626', 'female'))
  nt.assert_equal(order_probability, 0.60, "Females should have
a base probability of ordering.")
  order_probability = classifier.probability(('variant',
'60626', 'female'))
  nt.assert_equal(order_probability, 0.65, "Females should be
more likely to order with the new campaign")
```

```
    # 캠페인 효과가 없는 경우
    order_probability = classifier.probability(('control',
'60626', 'male'))
    nt.assert_equal(order_probability, 0.45, "Males should have a
base probability of ordering.")
    order_probability = classifier.probability(('variant',
'60626', 'male'))
    nt.assert_equal(order_probability, 0.45, "Males should be
equally likely to order with the new campaign")
    # 캠페인 효과가 없는 경우
    order_probability = classifier.probability(('control',
'60602', 'female'))
    nt.assert_equal(order_probability, 0.70, "Females should have
a base probability of ordering.")
    order_probability = classifier.probability(('variant',
'60602', 'female'))
    nt.assert_equal(order_probability, 0.70, "Females should be
equally likely to order with the new campaign")

    # 슬리핑 독(sleeping dogs)에 해당되는 경우
    order_probability = classifier.probability(('control',
'60602', 'male'))
    nt.assert_equal(order_probability, 0.50, "Males should have a
base probability of ordering.")
    order_probability = classifier.probability(('variant',
'60602', 'male'))
    nt.assert_equal(order_probability, 0.45, "Males should be more
likely to order with the new campaign")
```

위의 코드는 한 번에 전체를 구현한 테스트다. 여기에는 많은 어서션이 포함되어 있는데, 다 그럴 만한 이유가 있다. 이 테스트가 어떻게 작동할지에 대해 그대로 코딩을 해놓았기 때문이다. 즉, 우리가 필요한 것을 반복 확인하는 단일 테스트라고 보면 된다. 확률값들이 특정 수치로 설정되어 있는데, 이렇게 하면 구매의사를 지닌 고객군과, 슬리핑 독 고객군으로 그룹을 나눌 수 있다. 구매의사를 지닌 고객군에 대해, 기존과는 다른 형태의 결과에 노출되었을 때(예를 들면, 기존과는 약간 다른 형태의 광고가 나타났을 때)의 구매 확률이 (테스트 시작 단계에서) 예상했던 수치보다 높은지 알아볼 수 있다. 슬리핑 독에 대해서는 정반대의 경우를 생각해볼 수 있다. 또한 이 클래스 내부에 확률값을 바로 찾아볼 수 있도록 딕셔너리를 두면 좋을 것 같다는 생각이 들었다. 이 테스트의 첫 번째 어서션을 통과시켜보자.

두 번째 테스트를 통과시키기 위해 조금 수정하겠다.

```
class VariantImprovesAndFemaleMoreSoClassifier():
  def probability(self, input):
    return {
      ('control', '60626', 'female'): 0.60,
      ('variant', '60626', 'female'): 0.65,
    }[input]
```

다음 테스트에서 에러가 발생하면 메시지는 다음과 같을 것이다.

```
KeyError: ('control', '60626', 'male').
```

이건 그리 심각한 에러는 아니다. 이 테스트가 실패했다고는 하지 않았기 때문이다. 주어진 입력값이 클래스에 포함되어 있지 않으면, None을 리턴하도록 하는 새로운 테스트를 추가한다.

```
def given_a_never_before_seen_observation_test():
  classifier = SimplisticClasses.
VariantImprovesAndFemaleMoreSoClassifier()
  probability = classifier.probability(('boo', 'bibbit'))
  nt.assert_equal(probability, None, "Should return None")
```

다음 코드를 이용해서 테스트를 통과시킬 것이다.

```
class VariantImprovesAndFemaleMoreSoClassifier():
  def probability(self, input):
    data = {
      ('control', '60626', 'female'): 0.60,
      ('variant', '60626', 'female'): 0.65,
    }
    return data.get(input)
```

이 테스트가 통과했다면, 현재는 다음과 같은 에러 메시지가 나타날 것이다.

```
AssertionError: Males should have a base probability of ordering.
```

잘 되고 있다! 계속 해보자. 남은 작업은 꽤 간단하다, 따라서 남은 테스트를 한꺼 번에 할 생각이다. 클래스의 최종 버전은 다음과 같다.

```
class VariantImprovesAndFemaleMoreSoClassifier():
  def probability(self, input):
    data = {
      ('control', '60626', 'female'): 0.60,
      ('variant', '60626', 'female'): 0.65,
      ('control', '60626', 'male'): 0.45,
      ('variant', '60626', 'male'): 0.45,
      ('control', '60602', 'female'): 0.70,
      ('variant', '60602', 'female'): 0.70,
      ('control', '60602', 'male'): 0.50,
      ('variant', '60602', 'male'): 0.45,
    }
    if input in data:
      return data[input]
    else:
      return None
```

다음 작업은 간단한 회귀분석 클래스를 구현하는 것이다. 우리가 구현했던 테스트에 따라, AllCasesHaveSameProfitRegressionModel을 포함한 클래스가 필요하다. 이를 구현하는 것은 너무 쉽다. 다음 테스트를 보자.

```
def given_any_input_test():
  regression_model =
SimplisticClasses.AllCasesHaveSameProfitRegressionModel()
  results = regression_model.predict(input=(42,'hai'))
  assert results == 12.25, "Should be a constant amount
regardless of the input."
```

이 테스트가 통과하려면, 다음 코드가 필요하다.

```
class AllCasesHaveSameProfitRegressionModel():
  def predict(self, input):
    return 12.25
```

이제, 테스트를 재실행하면 다시 실패 상태로 되어 있을 것이다. 이유는 원본 테스트 때문이다. 즉, assign_ad_for가 없기 때문이다. 테스트 클래스가 상품코드라는 점에 착안해 계속 진행해보자. 그리고 이 함수를 SimpleTests.py 파일에 구현하자. 테스트를 계속 진행해보면, 이번에는 다른 이유로 실패라는 결과가 나온다. 다음과 같은 에러 메시지가 나타났을 것이다.

```
AssertionError: Should let sleeping dogs lie
```

이제 , 이 테스트를 통과시켜보자. 처음에 했던 것처럼 통과를 목적으로 작업하는 테스트다.

```
def given_a_sleeping_dog_test():
  classification_model =
SimplisticClasses.VariantImprovesAndFemaleMoreSoClassifier()
  regression_model =
SimplisticClasses.AllCasesHaveSameProfitRegressionModel()
  customer = ('60602', 'male')
  ad_name = SimplisticClasses.assign_ad_for(customer,
classification_model, regression_model)
  nt.assert_equal(ad_name, 'control', "Should let sleeping dogs
lie.")
```

필요한 코드는 다음과 같다.

```
def assign_ad_for(customer, classification_model,
regression_model):
  return 'control'
```

다음으로, 시스템이 주문할 확률을 높이는 광고를 추천하는지를 테스트해보자. 다음과 같은 경우에 해당한다.

```
def
given_a_variant_that_improves_on_probability_of_ordering_over_control_
test():
  classification_model =
SimplisticClasses.VariantImprovesAndFemaleMoreSoClassifier()
  regression_model =
SimplisticClasses.AllCasesHaveSameProfitRegressionModel()
  customer = ('60626', 'female')
  ad_name = SimplisticClasses.assign_ad_for(customer,
classification_model, regression_model)
  nt.assert_equal(ad_name, 'variant', "Should choose to
advertise")
```

다음 코드는 문제없이 통과한다.

```
def assign_ad_for(customer, classification_model,
regression_model):
  control_probability_of_order =
classification_model.probability(('control',)+customer)
  variant_probability_of_order =
classification_model.probability(('variant',)+customer)
  return 'control' if control_probability_of_order >
variant_probability_of_order else 'variant'
```

이제, 파이썬 스타일에 맞도록 코드를 리팩토링하자. 리팩토링한 결과는 다음과 같다(리팩토링한 방법대로 테스트가 통과하는지 확인하기 바란다).

```
def assign_ad_for(customer, classifier, regression_model):
  control_input = ('control',) + customer
  variant_input = ('variant',) + customer
  control_probability_of_order =
classifier.probability(control_input)
  variant_probability_of_order =
classifier.probability(variant_input)
  if control_probability_of_order >
variant_probability_of_order:
    return 'control'
  else:
    return 'variant'
```

이 부분에서 설계에 관해 주목할 점은 control과 variant가 실질적으로는 동일한 작업을 하고 있다는 점이다. 지금 당장은 이것이 문제를 일으키지는 않고, 이 부분이 다르게 동작하게끔 하는지를 확인하는 테스트도 없다. 일단 계속 지켜보기로 하자.

다음 단계에서는 모든 것이 동일한 상태에서 광고를 할 경우 비용이 발생하므로 기본적으로는 광고하지 않는지 테스트한다. 관련 테스트 코드는 다음과 같다.

```
def
given_a_variant_that_does_NOT_improve_on_probability_of_ordering_over_
control_test():
  classification_model =
```

```
SimplisticClasses.VariantImprovesAndFemaleMoreSoClassifier()
  regression_model = SimplisticClasses.
AllCasesHaveSameProfitRegressionModel()
  customer = ('60626', 'male')
  ad_name = SimplisticClasses.assign_ad_for(customer,
classification_model, regression_model)
  nt.assert_equal(ad_name, 'control', "Should choose to NOT
advertise")
```

어쩌면 이제까지 여러분의 코드가 이 테스트를 이미 통과했다고 생각할 수도 있다. 하지만 실상은 그렇지 않다. 이상할 수도 있지만, 우리가 이 테스트를 구현한 방법은 실제로는 기존과는 다른 형태의 결과variant에 대한 기본 설정이고, 이는 미묘한 버그를 유발할 수 있기 때문이다. 물론, 우리는 TDD 기법을 사용하고 있으므로 이런 동작과 관련한 모든 테스트를 아직 만들지 않았고, 그저 실제로 아직 구현하지 않은 기능이라고 봐도 된다. 뭐 이렇게 사소한 것에까지 신경을 쓰나 싶겠지만, 이건 매우 중요한 사항이다. 여러분이 TDD를 사용할 경우 여러분이 작성한 모든 코드 라인은 매우 명확하다는 것을 의미한다. 즉, 모든 것이 특정 유스케이스를 지원하기 위해 만들어진 것이고, 불필요한 코드는 하나도 없다. 우리가 구현한 코드에 대해 앞에서 설명한 기능을 추가하자.

```
def assign_ad_for(customer, classifier, regression_model):
  control_input = ('control',) + customer
  variant_input = ('variant',) + customer
  control_probability_of_order =
classifier.probability(control_input)
  variant_probability_of_order =
classifier.probability(variant_input)
  if control_probability_of_order >=
variant_probability_of_order:
    return 'control'
  else:
    return 'variant'
```

간단히 >= 기호를 사용해서 문제를 해결했다. 이는 다음 테스트에서 확인한다. 뭔가를 향상시킨다는 가시적 성과는 없지만, 광고 비용에 대해서는 만큼은 충분히 가치 있지 않겠는가? 이러한 시나리오를 정의한 테스트를 작성해보자.

먼저 시나리오에 대해 자세히 계획을 세워보자. 우편번호가 60626인 지역에 거주하는 여자는 주문할 확률이 60%에서 65%로 증가할 것으로 본다. 우리가 코드에 직접 반영시킨 수익을 이용해, 각 선택당 기댓값을 $7.35와 $7.96으로 정한다. 이는 광고 비용이 이 두 값의 차이(이 경우는 $0.61)보다 같거나 크면, 고객에게 광고를 하지 않겠다는 것을 의미한다. 앞에서 설명한 것을 담은 테스트 코드는 다음과 같다.

```
def
given_variant_improves_over_control_but_not_enough_to_warrant_
advertising_cost_test():
  classification_model =
SimplisticClasses.VariantImprovesAndFemaleMoreSoClassifier()
  regression_model =
SimplisticClasses.AllCasesHaveSameProfitRegressionModel()
  customer = ('60626', 'female')
  ad_name = SimplisticClasses.assign_ad_for(customer,
classification_model, regression_model, ad_cost=0.61)
  nt.assert_equal(ad_name, 'control', "Should choose to NOT
advertise")
```

테스트가 실패했다면, 다음 코드를 참고해 해결한다.

```
def assign_ad_for(customer, classifier, regression_model,
ad_cost=0):
  control_input = ('control',) + customer
  variant_input = ('variant',) + customer
  control_probability_of_order =
classifier.probability(control_input)
  variant_probability_of_order =
classifier.probability(variant_input)
  lift = variant_probability_of_order -
control_probability_of_order
  expected_lift = lift * regression_model.predict(None) -
ad_cost
  expected_lift = int(100*expected_lift)/100.0
  if expected_lift <= 0:
    return 'control'
  else:
    return 'variant'
```

코드 라인의 추가 내지는 수정이 필요하다고 느꼈을 것이다. 먼저, 기본 설정 매개변수를 정의하자. 이 매개변수는 다른 테스트가 광고 비용을 고려할 필요 없이 동작하도록 한다(우리가 기본 설정값을 $0.00으로 해 놓았으므로). 다음, 기존 광고(control)를 통해 주문이 일어날 확률값과 변경된 상태의 광고(variant)를 통해 주문이 발생할 확률값의 차이를 계산한다. 그러고 나서, 고객이 주문을 했다면 발생한 수익을 퍼센트로 곱하고, 이 값에서 광고 비용을 뺀다. 마지막 결과는 소수점 이하 두 자리만 남아 있도록 해야 한다. 즉, 소수점 3자리 이하는 버리도록 구현한다. 액수를 반올림해 (즉, 원래 금액보다 더 많이) 돈을 지불하는 고객은 아무도 없기 때문이다.

고객이 지불할 금액을 예측할 때, 단지 None만 전달한다는 점에 주목하자. 이 테스트의 회귀분석 부분을 테스트할 때, 이 부분을 수정해야 한다. 현재는 그렇게 해야 한다는 것만 알고 있도록 하자.

다음으로, 광고 비용이 머리카락만큼 조금 줄어들 경우, 시스템이 광고를 권하는지를 확인해보자(이 테스트에서 광고를 하지 않을까 조마조마해지기 때문이다). 테스트 코드는 다음과 같다.

```
def
given_variant_improves_over_control_just_enough_to_warrant_
advertising_cost_test():
  classification_model =
SimplisticClasses.VariantImprovesAndFemaleMoreSoClassifier()
  regression_model =
SimplisticClasses.AllCasesHaveSameProfitRegressionModel()
  customer = ('60626', 'female')
  ad_name = SimplisticClasses.assign_ad_for(customer,
classification_model, regression_model, ad_cost=0.60)
  nt.assert_equal(ad_name, 'variant', "Should choose to
advertise")
```

예상대로 이 테스트는 문제없이 통과한다. 이는 다른 회귀분석 시나리오도 시도해 볼 수 있음을 내포하고 있다. 먼저, 리팩토링할 것들이 있다. 우선, VariantImprovesAndFemaleMoreSoClassifier가 딱 한 번만 필요했다. 테스트를 좀 더 구체적으로 이해하기 쉽도록 각 테스트에서 분류분석기에 딕셔너리를 사용하도록 하면 될 것 같다. 필요한 테스트 횟수도 줄일 수 있다. 이렇게 하면, 새로운 테스트를 작성할 필요 없이 우리의 코드에서 클래스를 따로 빼내는 데도 좋은 기회가 될 것이다.

먼저 데이터 딕셔너리를 위해 많은 작업을 하지 않도록 클래스를 불러들여서 사용할 수 있도록 해놓자. 이 단계에서, 코드가 약간 안 좋은 상태로 바뀔 수도 있지만, 이는 일시적인 상태임을 기억하기 바란다.

```python
class DumbClassifier():
  def __init__(self, state):
    self.state = state
  def probability(self, input):
            return self.state[input]


class VariantImprovesAndFemaleMoreSoClassifier():
  def probability(self, input):
    data = {
      ('control', '60626', 'female'): 0.60,
      ('variant', '60626', 'female'): 0.65,
      ('control', '60626', 'male'): 0.45,
      ('variant', '60626', 'male'): 0.45,
      ('control', '60602', 'female'): 0.70,
      ('variant', '60602', 'female'): 0.70,
      ('control', '60602', 'male'): 0.50,
      ('variant', '60602', 'male'): 0.45,
    }
    classifier = DumbClassifier(data)
    if input in data:
      return classifier.probability(input)
    else:
      return None
```

코드 리팩토링 과정에서 단계별로 신경을 쓰는 만큼 리스크는 확실히 줄어들 것이다. 변경사항들의 단위를 작게, 따로 분리시켜서 에러가 발생할 가능성을 낮추도록 한다. 이런 사상을 계속 유지하기 위해 높은 신뢰도를 가진 것들을 변경하는데만 높은 가치를 둘 것이다. 테스트를 재실행시키는 것은 우리가 관심 있는 프로그램 동작에 별로 영향이 없었다고 본다. 우리가 앞에서 다루었던 것처럼, '우리가 관심 있는 프로그램 동작'은 테스트에 명확하게 작성된 프로그램 동작으로 정의된다.

다음으로, 새 객체에 있는 if/else 문을 살펴보자. 관련 코드는 다음과 같다.

```
class DumbClassifier():
  def __init__(self, state):
    self.state = state
  def probability(self, input):
    data = self.state
    return data[input]
```

여기서, if/then 조건문으로 쉽게 수정할 수 있도록 동일한 변수명을 사용해 확률 분포 함수를 만들 것이다. 이런 식으로 수정을 하므로 나중에도 복사하기/붙여넣기 방식으로 할 수 있을 것이다.

```
class DumbClassifier():
  def __init__(self, state):
    self.state = state
  def probability(self, input):
    data = self.state
    if input in data:
      return data[input]
    else:
      return None

class VariantImprovesAndFemaleMoreSoClassifier():
  def probability(self, input):
    data = {
      ('control', '60626', 'female'): 0.60,
      ('variant', '60626', 'female'): 0.65,
      ('control', '60626', 'male'): 0.45,
      ('variant', '60626', 'male'): 0.45,
      ('control', '60602', 'female'): 0.70,
      ('variant', '60602', 'female'): 0.70,
      ('control', '60602', 'male'): 0.50,
      ('variant', '60602', 'male'): 0.45,
    }
    classifier = DumbClassifier(data)
    return classifier.probability(input)
```

현재, 이 클래스에 할 수 있는 것이 더 있긴 하지만 전체적인 흐름은 우리가 원했던 방향으로 옮겨오고 있다. 새로운 클래스를 사용하기 위해 테스트의 리팩토링을 시작해보자. 다음 코드는 리팩토링을 목표로 수정한 첫 번째 테스트다.

```
def
given_a_classifier_where_the_variant_improves_and_females_more_so_
test():
  classifier = SimplisticClasses.DumbClassifier({
    ('control', '60626', 'female'): 0.60,
    ('variant', '60626', 'female'): 0.65,
    ('control', '60626', 'male'): 0.45,
    ('variant', '60626', 'male'): 0.45,
    ('control', '60602', 'female'): 0.70,
    ('variant', '60602', 'female'): 0.70,
    ('control', '60602', 'male'): 0.50,
    ('variant', '60602', 'male'): 0.45,
  })

  # 캠페인을 통해 고객이 설득 가능한 경우
  order_probability = classifier.probability(('control',
'60626', 'female'))
  nt.assert_equal(order_probability, 0.60, "Females should have
a base probability of ordering.")
  order_probability = classifier.probability(('variant',
'60626', 'female'))
  nt.assert_equal(order_probability, 0.65, "Females should be
more likely to order with the new campaign")

  # 캠페인 효과가 없는 경우
  order_probability = classifier.probability(('control',
'60626', 'female'))
  nt.assert_equal(order_probability, 0.45, "Males should have a
base probability of ordering.")
  order_probability = classifier.probability(('variant',
'60626', 'male'))
  nt.assert_equal(order_probability, 0.45, "Males should be
equally likely to order with the new campaign")

  # 캠페인 효과가 없는 경우
```

```
  order_probability = classifier.probability(('control',
'60602', 'female'))
  nt.assert_equal(order_probability, 0.70, "Females should have
a base probability of ordering.")
  order_probability = classifier.probability(('variant',
'60602', 'female'))
  nt.assert_equal(order_probability, 0.70, "Females should be
equally likely to order with the new campaign")

  # 슬리핑 독(sleeping dogs)에 해당되는 경우
  order_probability = classifier.probability(('control',
'60602', 'male'))
  nt.assert_equal(order_probability, 0.50, "Males should have a
base probability of ordering.")
  order_probability = classifier.probability(('variant',
'60602', 'male'))
  nt.assert_equal(order_probability, 0.45, "Males should be more
likely to order with the new campaign")
```

새 객체가 하는 작업에 주목해서, 이 테스트를 하나의 케이스와 테스트 내의 어서
션으로 잘 축약시키는지 검증할 수 있다. 다음 코드를 이용해 테스트를 정리하자.

```
def given_a_dumb_classifer_that_says_what_I_want_test():
  classifier = SimplisticClasses.DumbClassifier({
    ('control', '60626', 'female'): 0.60,
  })
  order_probability = classifier.probability(('control',
'60626', 'female'))
  nt.assert_equal(order_probability, 0.60, "Should return
probability I told it to.")
```

이 클래스에는 테스트가 필요한 다른 시나리오도 있다. 이 시나리오는 입력값이
DumbClassifier가 제공하는 데이터에 없을 경우 발생한다. 테스트를 점검한 결과
는 다음과 같을 것이다(변수명, 클래스명 등은 동일하다).

```
def given_a_never_before_seen_observation_test():
  classifier = SimplisticClasses.DumbClassifier({})
  probability = classifier.probability(('boo', 'bibbit'))
  nt.assert_equal(probability, None)
```

테스트를 재실행시킨 후, 모든 것이 문제없이 통과했음을 확인하자. 이 책에 있는 모든 테스트를 재작업하지는 않겠지만, 하나로 통합해 동작하게 할 수 있다. 그렇게 하면 여러분은 내가 어떤 생각을 하고 있는지 이해할 수 있을 것이다. 슬리핑 독을 테스트해보자. 수정 작업을 시작하기 앞서, 다음 테스트 코드를 보자.

```
def given_a_sleeping_dog_test():
  classification_model =
SimplisticClasses.VariantImprovesAndFemaleMoreSoClassifier()
  regression_model =
SimplisticClasses.AllCasesHaveSameProfitRegressionModel()
  customer = ('60602', 'male')
  ad_name = SimplisticClasses.assign_ad_for(customer,
classification_model, regression_model)
  nt.assert_equal(ad_name, 'control', "Should let sleeping dogs
lie.")
```

이제, 새 클래스를 사용할 수 있도록 리팩토링 작업을 하고, 테스트에서 바로 나타나도록 작업한다. 앞에서 했던 것처럼 다른 클래스 안에 작업한 내용이 들어가게끔 하는 대신 말이다. 리팩토링한 결과는 다음과 같다.

```
def given_a_sleeping_dog_test():
  classification_model = SimplisticClasses.DumbClassifier({
    ('control', '60602', 'male'): 0.50,
    ('variant', '60602', 'male'): 0.45,
  })
  regression_model =
SimplisticClasses.AllCasesHaveSameProfitRegressionModel()
  customer = ('60602', 'male')
  ad_name = SimplisticClasses.assign_ad_for(customer,
  classification_model, regression_model)
  nt.assert_equal(ad_name, 'control', "Should let sleeping dogs
  lie.")
```

테스트를 재실행하면 모든 것이 정상적으로 동작한다는 결과를 확인할 수 있을 것이다. 얼핏 보면, 리팩토링한 것이 테스트에 약간의 노이즈를 더 추가한 것처럼 보일 수도 있다. 우리는 이러한 노이즈를 테스트가 어떤 것을 해결하려고 하는지 핵심에 대해 별로 중요하지 않은 정보로 생각할 수도 있다. 하지만 이 경우에 이 정보는 매우 중요하며, 테스트를 이해하기 훨씬 쉽게 해주는 것처럼 보인다. 만약 이러한 케이스를 모두 포함하고 있는 객체가 한 번에 컴파일된 후 나온 결과가 더 지저분하다면, 여러분이 분류분석기가 실제로 어떤 작업을 하고 있는지 스스로 추측해야만 할 것이다. 이들을 코드상에 모두 고정값으로 반영했다는 점도 기억하고 있어야 한다. 만약 처음에 어떤 이슈를 실행시키고, 테스트 코드 밖에 있는 파일을 바꿔야만 했다면, 모든 테스트 케이스에 대한 데이터 구조를 다 살펴봐야 했을 것이다. 어느 것을 다루어야 할지 결정이 필요하기 때문이다. 다음으로 테스트의 나머지를 살펴보고 다음과 같이 리팩토링 작업을 하자(각각에 대해 적절한 데이터를 사용하기 바란다).

아, 리팩토링할 수 있는 것이 하나 더 있다. 현재 테스트 상태가 하나로 통합되어 있으므로, 코드상에서 중복된 부분을 제거할 수 있다. 고객을 나타내는 데이터가 3개 영역으로 되어 있는데, 이것을 하나로 줄일 수 있을 것 같다. 다음과 같이 해본다.

```
def given_a_sleeping_dog_test():

  customer_segment = ('60602', 'male')
  classification_model = SimplisticClasses.DumbClassifier({
    ('control',) + customer_segment: 0.50,
    ('variant',) + customer_segment: 0.45,
  })
  regression_model = SimplisticClasses.
AllCasesHaveSameProfitRegressionModel()
  ad_name = SimplisticClasses.assign_ad_for(customer_segment,
classification_model, regression_model)
  nt.assert_equal(ad_name, 'control', "Should let sleeping dogs
lie.")
```

데이터 정의를 재사용하는 것 뿐만 아니라, 어떻게 처리를 하는지에 대해서도 의미가 더 잘 전달되도록 변수명을 변경했다. 잠깐! 분류분석 모델로 돌아가서 데이터가 테스트의 각 코드 라인에 추가할 중요 정보가 무엇인지에 대해 주목해보자.

모든 리팩토링 작업을 완료했으니, 끝으로 이제는 더 이상 필요 없는 `VariantImp rovesAndFemaleMoreSoClassifier` 클래스를 제거한다. 마지막으로 확인 차원에서 테스트를 재실행한다. 모든 것이 문제없이 통과하고 코드도 깔끔해졌다. 이제 추가 기능 구현을 시작해보자. 다음 테스트로, 회귀분석 클래스를 어떻게 사용할지에 대해 알아보자.

```python
def
given_probability_to_order_remains_constant_but_expected_profit_
increases_test():
  customer_segment = ('60626', 'female')
  classification_model = SimplisticClasses.DumbClassifier({
    ('control',) + customer_segment: 0.65,
    ('variant',) + customer_segment: 0.65,
  })
  regression_model = SimplisticClasses.DumbClassifier({
    ('control',) + customer_segment: 12.25,
    ('variant',) + customer_segment: 15.50,
  })
  ad_name = SimplisticClasses.assign_ad_for(customer_segment,
classification_model, regression_model)
  nt.assert_equal(ad_name, 'variant', "Should recommend using
ad")
```

이 테스트를 구현하는 동안 클래스에 새 메소드를 추가한다면, 그러지 말고 `DumbClassifier`를 재사용하는 걸로 충분하다는 점에 주목하기 바란다. 아마도 이름만 잘 바꾸면 될 것이다. 테스트를 재실행하면서 가장 최근에 한 테스트는 실패했을 것이다. 클래스에 `predict` 함수가 없었기 때문이다. 따라서 다음처럼 함수를 추가한다.

```python
class DumbClassifier():
  def __init__(self, state):
    self.state = state
  def probability(self, input):
    data = self.state
    return data.get(input)
  def predict(self, input):
    return self.probability(input)
```

여기에는 약간의 리팩토링 작업이 필요하지만 우선 테스트부터 통과되도록 해놓는다. 테스트를 재실행시키면 다음과 같은 에러 메시지가 나타날 것이다.

```
TypeError: unsupported operand type(s) for *: 'float' and
'NoneType'
```

회귀분석 클래스에 None을 어떻게 전달했는지 기억하기 바란다. 그리고 어떤 점에서 강제로 수정해야 할지에 대해서도 머릿속에 잘 새겨두기 바란다. 이것이 핵심이다. 앞에서 다룬 코드는 이 테스트 케이스를 위해 약간의 재작업이 필요하다.

우리가 일단 가정하기 전에 회귀분석 모델이 항상 동일한 값을 리턴할 것이라는 점을 기억하기 바란다(그렇게 설정해놨기 때문에 그렇다). 이제 control과 variant 중 하나를 결정하는 기댓값을 찾아야 한다. 최종 구현 결과에서 변수를 할당해 계산 작업을 각각의 코드 라인으로 분리해 놓았기 때문에, 실행 시 속도가 매우 빨라졌다고 느낄 것이다. 테스트를 통과한 코드는 다음과 같다. 아직 리팩토링 작업이 남아 있다.

```
def assign_ad_for(customer, classifier, regression_model,
ad_cost=0):
  control_input = ('control',) + customer
  variant_input = ('variant',) + customer
  control_probability_of_order =
classifier.probability(control_input)
  variant_probability_of_order =
classifier.probability(variant_input)
  control_profit = regression_model.predict(control_input)
  variant_profit = regression_model.predict(variant_input)
  expected_lift = variant_probability_of_order * variant_profit
- control_probability_of_order * control_profit  - ad_cost
  expected_lift = int(100*expected_lift)/100.0
  if expected_lift <= 0:
    return 'control'
  else:
    return 'variant'
```

코드 라인이 약간 길다. 기댓값을 계산하는 코드 라인을 여러 개의 짧은 코드 라인으로 쪼개도록 리팩토링해보자.

```
def assign_ad_for(customer, classifier, regression_model,
ad_cost=0):
  control_input = ('control',) + customer
  variant_input = ('variant',) + customer
  control_probability_of_order =
classifier.probability(control_input)
  variant_probability_of_order =
classifier.probability(variant_input)
  control_profit = regression_model.predict(control_input)
  variant_profit = regression_model.predict(variant_input)
  variant_expected_value = variant_probability_of_order *
variant_profit - ad_cost
  control_expected_value = control_probability_of_order *
control_profit
  expected_lift =  variant_expected_value -
control_expected_value
  expected_lift = int(100*expected_lift)/100.0
  if expected_lift <= 0:
    return 'control'
  else:
    return 'variant'
```

이 코드는 지금 상태로도 쉽게 이해할 수 있지만, 더 쉽게 고칠 수 있다는 점에 주목하자. 광고 비용(ad_cost)을 variant 변수의 기댓값(variant_expected_value)에 묶어버렸기 때문에, 단순 비교만 하면 되고, 라운딩 횟수에 대해 걱정할 필요도 없다. 이 코드와 리팩토링한 버전을 비교해보자.

```
def assign_ad_for(customer, classifier, regression_model,
ad_cost=0):
  control_input = ('control',) + customer
  variant_input = ('variant',) + customer
  control_probability_of_order =
classifier.probability(control_input)
  variant_probability_of_order =
classifier.probability(variant_input)
  control_profit = regression_model.predict(control_input)
  variant_profit = regression_model.predict(variant_input)
  variant_expected_value = variant_probability_of_order *
variant_profit - ad_cost
```

```
control_expected_value = control_probability_of_order *
control_profit
  if control_expected_value >= variant_expected_value:
    return 'control'
  else:
    return 'variant'
```

이 코드는 문제없이 동작할 것 같지만, 제대로 동작하지 않는다. 이는 우리가 라운
드에 대해 앞에서 내린 결정사항 때문이다. 이제 테스트 내에 코드로 반영시킨다.
결국 문제점으로 판명되었다는 점을 알고 나니, 이렇게 하지 말걸 하는 생각이 들
것이다. 이 부분을 수정해보자. 먼저 모든 테스트를 통과시키는 코드를 바꾼다. 아
울러, given_variant_improves_over_control_but_not_enough_to_warrant_
advertising_cost_test라는 이름의 테스트를 다음 코드를 참고해 수정한다.

```
def
given_variant_improves_over_control_but_not_enough_to_warrant_
advertising_cost_test():
  customer_segment = ('60626', 'female')
  classification_model = SimplisticClasses.DumbClassifier({
      ('control',) + customer_segment: 0.60,
      ('variant',) + customer_segment: 0.65,
  })
  regression_model =
SimplisticClasses.AllCasesHaveSameProfitRegressionModel()
  ad_name = SimplisticClasses.assign_ad_for(customer_segment,
classification_model, regression_model, ad_cost=0.6126)
  nt.assert_equal(ad_name, 'control', "Should choose to NOT
advertise")
```

ad_cost 값을 $0.60에서 $0.6126으로 변경했다. 이제, 측정 기준이 확실히 높아
졌는지에 대해 테스트한다는 점이 반영되도록 코드를 리팩토링한다.

```
def assign_ad_for(customer, classifier, regression_model,
ad_cost=0):
  control_input = ('control',) + customer
  variant_input = ('variant',) + customer
  control_probability_of_order =
classifier.probability(control_input)
```

```
  variant_probability_of_order =
classifier.probability(variant_input)
  control_profit = regression_model.predict(control_input)
  variant_profit = regression_model.predict(variant_input)
  variant_expected_value = variant_probability_of_order *
variant_profit - ad_cost
  control_expected_value = control_probability_of_order *
control_profit
  expected_lift =  variant_expected_value -
control_expected_value
  if expected_lift <= 0:
    return 'control'
  else:
    return 'variant'
```

다음으로, 기댓값을 비교하는 부분을 리팩토링할 수 있다. 코드를 수정해도 테스트는 여전히 문제없이 통과한다.

```
def assign_ad_for(customer, classifier, regression_model,
ad_cost=0):
  control_input = ('control',) + customer
  variant_input = ('variant',) + customer
  control_probability_of_order =
classifier.probability(control_input)
  variant_probability_of_order =
classifier.probability(variant_input)
  control_profit = regression_model.predict(control_input)
  variant_profit = regression_model.predict(variant_input)
  variant_expected_value = variant_probability_of_order *
variant_profit - ad_cost
  control_expected_value = control_probability_of_order *
control_profit
  if control_expected_value >= variant_expected_value:
    return 'control'
  else:
    return 'variant'
```

이제, 실제 알고리즘과 대량의 데이터를 다룰 준비가 되었다.

실제 환경에 적용

광고 제공이 가능한 고객에 대해 추천을 할 수 있는 시스템을 구축했으니, 여기에 플러그인시킬 알고리즘이 어떤 것들이 있을지 생각해볼 필요가 있다. 주문 가능성이 있는 고객의 확률 계산을 위해, 로지스틱 회귀분석과 나이브 베이즈 분류분석 알고리즘을 사용할 수 있다. 고객이 사용할 비용이 얼마나 되는지 추정하는 데는 (데이터의 성격에 따라) 가우시안 나이브 베이즈 분류분석 기법과 선형 회귀분석을 사용할 수 있다.

맨 먼저, 선형 회귀분석과 로지스틱 회귀분석을 사용해보자. 이렇게 하는 목적은 sklearn을 더 많이 사용하는 것이다. 즉, 이렇게 하면 알고리즘 자체를 구현하는 데 시간을 들이지 않아도 되기 때문이다.

시작에 앞서, 앞 장에서 했던 것처럼 sklearn을 탐색하는 테스트 파일을 하나 생성해 놓는 것이 좋겠다. 이미 생성된 데이터가 있으니 다음 주소를 참고하기 바란다.

https://github.com/jcbozonier/Machine-Learning-Test-by-Test/blob/master/Chapter%209/fake_data.json.

sklearn 라이브러리에 있는 선형 회귀분석 모델은 누군가가 주문할 가능성을 계산하는 데 사용할 때만 유용하다. 이걸 이용해 너무 앞서 나가기 전에, 우리가 원하는 대로 잘 동작하는지 주의깊게 살펴보기 바란다. 우선 다음 코드를 보자. 테스트 내에 이번 유스케이스를 다음처럼 구현했다.

```
treatment_codes = {

  'control': 1
  'variant': 2
}
zipcode_codes = {

  '60626': 1
  '60602': 2
  '98006': 3
}
```

```
gender_codes = {

  'M': 1
  'F': 2
  'U': 3
}
def create_order_inputs_and_outputs(fake_data):
  test_inputs = []
  for x in fake_data:
    input = (treatment_codes[x['treatment']],
      zipcode_codes[x['zipcode']],
      gender_codes[x['gender']],
      x['orders_in_last_6_months'],
      x['customer_service_contacts'])
    test_inputs.append(input)
  test_labels = [x['ordered'] for x in fake_data]
  return test_labels, test_inputs

def logistic_regression_hello_world_test():
  fake_data = json.load(open('./fake_data.json', 'r'))
  test_order_labels, test_order_inputs = create_order_inputs_and_
outputs(fake_data)
  model = LogisticRegression()
  fitted_model = model.fit(test_order_inputs, test_order_labels)
  print(fitted_model)
  print(model.score(test_order_inputs, test_order_labels))
  print(model.predict_proba(test_order_inputs))
  assert False
```

여기서, 이 테스트를 강제로 실패하게끔 해서 print 문에서 분석 모델의 처리 결과를 볼 수 있도록 해놓았다. sklearn의 API 관련 문서는 다음 주소를 참고하기 바란다.

> http://scikit-learn.org/stable/modules/generated/sklearn.linear_
> model.LogisticRegression.html

이 테스트가 통과하도록, 문자열 값들(이전 데이터에서 성별, 우편번호 등)을 모두 숫자로 인코딩해야 한다. 이렇게 해야 선형 회귀분석 모델에서 사용이 가능하다. 이 과정에서 수작업을 해야 할 부분이 있다. 우리가 앞에서 했던 대로 딕셔너리를 생성하는 작업이다. 일단 이렇게 해놓으면, 디스크에서 데이터를 읽어와서 sklearn이 원하는 형태로 입력 데이터를 생성할 수 있다. 한 줄row에 변수명 없이 데이터가 일관성 있게 나열되어 있도록 말이다. 변수명도 데이터와 잘 매핑되도록 리스트 형태로 입력받을 수 있을 것이다.

다음으로, sklearn에서는 분류분석이 각각의 리스트로 이루어져 있는 것이 좋다. 즉, i번째 경우에 대한 레이블은 동일한 위치에서 입력값에 대한 레이블을 의미하게끔 말이다. 이렇게 하면 우리가 궁금해하는 정보를 출력해볼 수 있고, 테스트 프레임워크가 콘솔 모드에서 우리가 구현했던 모든 것들을 보여줄 수 있도록 실행 완료 후 assert False 메시지를 날릴 수도 있다.

predict_proba 함수는 우리가 원하는 작업에 가장 잘 맞는 역할을 해줄 것 같다. 이 함수는 첫 번째 상품에 대해 주문이 발생하지 않을 확률과 두 번째 상품에 대해 주문이 발생할 확률을 리스트로 리턴해준다.

sklearn 라이브러리의 선형 회귀분석을 래핑wrapping한 클래스를 하나 생성해보자. 첫 번째 테스트는 다음과 같이 구현한다.

```
class DummySklearnModel():
  def __init__(self):
    self.predict_proba_call_arguments = None
  def predict_proba(self, input):
    self.predict_proba_call_arguments = input


def logistic_regression_test():
  dummy_sklearn_model = DummySklearnModel()
  model = SimplisticClasses.LogisticModel(dummy_sklearn_model)
  model.predict([1,2,3])
  nt.assert_equal(dummy_sklearn_model.predict_proba_call_arguments,
[1,2,3])
```

이 테스트에 있는 더미 클래스는 테스트 생성자와 같은 역할을 한다. 기본적으로는 sklearn에 있는 LogisticRegression 클래스와 비슷해 보인다. 그리고 LogisticModel 클래스가 작업을 제대로 하는지에 대해 우리가 알 수 있도록 상세 정보를 수집한다. 이 테스트가 통과하도록 다음 코드를 참고한다.

```python
class LogisticModel():
  def __init__(self, model):
    self.model = model
  def predict(self, input):
    self.model.predict_proba(input)
```

다음으로, 우리가 구현한 코드의 나머지 부분에서 예상하는 대로, 어댑터 클래스가 predict_prob 함수의 결과를 리턴하는지 확인할 필요가 있다. LogisticModel 클래스가 어떤 결과를 리턴하는지 확인하는 케이스를 다루기 위해 다음과 같이 구현한다.

```python
class DummySklearnModel():
  def __init__(self, probability_of_ordering):
    self.predict_proba_call_arguments = None
    self.probability_of_ordering = 0.42
  def predict_proba(self, input):
    self.predict_proba_call_arguments = input
    return [[1-self.probability_of_ordering,
    self.probability_of_ordering]]


def logistic_regression_test():
  dummy_sklearn_model =
DummySklearnModel(probability_of_ordering = 0.42)
  model = SimplisticClasses.LogisticModel(dummy_sklearn_model)
  probability_of_ordering = model. probability ([1,2,3])
  nt.assert_equal(dummy_sklearn_model.predict_proba_call_arguments,
[1,2,3])
  nt.assert_equal(probability_of_ordering, 0.42)
```

그 다음, 다음과 같이 클래스를 업데이트한다.

```
class LogisticModel():
  def __init__(self, model):
    self.model = model
  def probability (self, input):
    return self.model.predict_proba(input)[0][1]
```

이제 여러 개의 모델을 자유롭게 선택할 수 있게 되었는데, 약간 당황스러울 수도 있겠다. 로지스틱 회귀분석 분류분석 모델이 선형 회귀분석 모델과 함께 잘 동작해야 한다. 이렇게 되면, 고객 데이터를 기반으로 기댓값의 예측이 가능하다. 이들을 모두 통합할 때가 되었다. 회귀분석 모델에 대한 첫 번째 테스트는 다음과 같다.

```
class DummyRegressionModel():
  def __init__(self, value_predicted):
    self.value_predicted = value_predicted
  def predict(self, input):
              return [self.value_predicted]

def linear_regression_test():
  dummy_regression_model =
DummyRegressionModel(value_predicted=33.12)
  model = SimplisticClasses.RegressionModel(dummy_regression_model)
  expected_profit_if_orders = model.predict([1,5,2])
  assert expected_profit_if_orders == 33.12
```

이 테스트에서 실제로는 sklearn을 테스트하지는 않는다는 점에 주목하기 바란다. 즉, 지금 우리는 목표로 하는 테스트를 작성하고 있는 것이고, sklearn은 그 안에서 필요한 역할을 하는 것으로 가정하고 있다. 현재 구현 중인 코드에 대한 책임과 sklearn에 대한 책임에 대해 테스트하지는 않으려고 한다. 단지 필요한 것을 단순화하는 용도였기 때문이다. 또한 API에서 제공하는 인터페이스를 따른다면, 코드가 올바르게 동작할 것이라고 믿을 수 있다는 점도 있다. 이러한 차이점들을 문제가 없도록 다 엮으려고 한다. 이 테스트가 통과되도록 다음 코드를 참고한다.

```
class RegressionModel():
  def __init__(self, model):
    self.model = model
  def predict(self, input):
    return self.model.predict(input)[0]
```

아주 간단하지만 이를 통해 생성된 모델이 적절하게 잘 동작하는지 확인할 필요가 있다.

이제, 시스템을 통합하기 위해 필요한 것들이 모두 갖춰진 것 같다. 전체적으로 시스템의 결과를 어떻게 테스트할지 이해할 필요가 있다. 이를 위해 약간 큰 규모의 테스트를 구현해보자.

이 테스트의 역할은 디스크에서 데이터를 읽어서, 데이터에 맞는 분석 모델을 만들고, 이 분석 모델이 기존 결과(control)와 변경한 결과(variant)에 대해 얼마나 많은 금액을 절약할 수 있는지 알려주는 것이다.

다음으로, 이 테스트에서 (거의) 마지막에 해당하는 단계를 구현한다.

```
def the_big_test():
  fake_data = json.load(open('./fake_data.json', 'r'))
  test_order_labels, test_order_inputs =
create_order_inputs_and_outputs(fake_data)
  test_profit_labels, test_profit_inputs =
   create_profit_inputs_and_outputs(fake_data)

  order_model = LogisticRegression()
  fitted_order_model = order_model.fit(test_order_inputs,
   test_order_labels)

  profit_model = statsmodels.api.OLS(test_profit_labels,
test_profit_inputs)
  fitted_profit_model = profit_model.fit()

  profit_model =
SimplisticClasses.RegressionModel(fitted_profit_model)
  order_model =
SimplisticClasses.LogisticModel(fitted_order_model)
```

```
    for order_input in test_order_inputs:
        treatment_to_use =
SimplisticClasses.assign_ad_for(order_input[1:],
                                order_model,
                                profit_model,
                                ad_cost=0.50,
                                variant_map=treatment_codes)
        print treatment_to_use, order_input
    assert False
```

여러분이 주목할 사항은 트리트먼트 이름과 기타 데이터들이 인코딩된 값들로 변환될 수 있어야 한다는 점이다. 이러한 사항을 추가해 테스트 내에 레이블과 숫자를 매핑시키는 기능을 반영할 수 있다. 이렇게 하면 필요한 것들 대부분을 얻을 수 있다.

```
def given_classifications_that_are_numerical_test():
    customer_segment = ('60626', 'female')
    classification_model = SimplisticClasses.DumbClassifier({
        (1,) + customer_segment: 0.60,
        (2,) + customer_segment: 0.65,
    })
    regression_model =
SimplisticClasses.AllCasesHaveSameProfitRegressionModel()
    ad_name = SimplisticClasses.assign_ad_for(customer_segment,
                                              classification_model,
                                              regression_model,
                                              ad_cost=0.6126,
                                              variant_map=
{'control': 1, 'variant':2})['chosen']
    nt.assert_equal(ad_name, 1, "Should choose to NOT advertise")
```

다음으로, 분석 모델이 실행되어 모든 고객이 결과(control)과 변경한 결과(variant) 중 하나에 해당되도록 하는지를 테스트에 반영시켜보자. 이를 리포트하기 위해, 테스트를 리팩토링해서 더 많은 데이터가 리포트에 다시 반영될 수 있도록 한다. 이렇게 하는 이유는 ['chosen']이 assign_ad_for 함수의 끝부분에 고정되어 있기 때문이다.

다음 코드는 최종 테스트로, 머신 러닝 알고리즘이 두가지 전략strategy 중 가장 좋은 옵션을 선택해 기존 결과와 변경한 결과 중 더 나은 것을 찾는지 확인하는 역할을 한다. 이 테스트는 유사한 테스트에 구현될 수 있는 중요한 아이디어를 제공하고 있다.

```python
def the_big_test():
    fake_data = json.load(open('./fake_data.json', 'r'))
    test_order_labels, test_order_inputs =
create_order_inputs_and_outputs(fake_data)
    test_profit_labels, test_profit_inputs =
     create_profit_inputs_and_outputs(fake_data)

    order_model = LogisticRegression()
    fitted_order_model = order_model.fit(test_order_inputs,
     test_order_labels)

    profit_model = statsmodels.api.OLS(test_profit_labels,
test_profit_inputs)
        fitted_profit_model = profit_model.fit()

    profit_model =
SimplisticClasses.RegressionModel(fitted_profit_model)
    order_model =
     SimplisticClasses.LogisticModel(fitted_order_model)

    treatments_to_use = []
    for order_input in test_order_inputs:
        treatment_to_use =
SimplisticClasses.assign_ad_for(order_input[1:],
                               order_model,
                               profit_model,
                               ad_cost=1.0,
                               variant_map=treatment_codes)
        treatments_to_use.append(treatment_to_use)

    chosen_ev_sum = sum([treatment['chosen_ev'] for treatment in
treatments_to_use])
    control_ev_sum = sum([treatment['control_ev'] for treatment in
treatments_to_use])
```

```
  variant_ev_sum = sum([treatment['variant_ev'] for treatment in
treatments_to_use])
  print chosen_ev_sum, control_ev_sum, variant_ev_sum
  assert chosen_ev_sum > control_ev_sum, "Optimized expected
value should be better than NO advertising."
  assert chosen_ev_sum > variant_ev_sum, "Optimized expected
value should be better than ALWAYS advertising."
```

가장 높은 기댓값을 선택하는 전략이 가장 좋은 전략이다. 흥미로운 점이 있다면, 알고리즘의 계산 결과가 혼합형 전략blending strategy에 대해서는 $24,196이었고, 나머지는 $23,879와 $22,023이었다는 점이다. 이는 우리가 구현한 하이브리드 알고리즘이 이전 시스템과 비교했을 때 비용 절감 가능성이 있음을 의미한다(수천 달러까지는 아니고 수백 달러 정도). 이 테스트는 재실행해도 모든 것들이 문제없이 잘 동작할 것이다. 이제까지 계속 하던대로, 여전히 해볼 만한 것들이 남아 있지만, 나머지는 각자 해보기로 하고 이쯤에서 정리를 하자.

이 책을 통해 얻은 것

우리는 선형 회귀분석 같은 머신 러닝 알고리즘에서 랜덤 포레스트 알고리즘과 같은 다루기 어려운 툴까지 학습했다. 가우시안 나이브 베이즈 분류분석 툴도 직접 구현했다. 또한 모든 것을 돌려봤을 때 최상의 성능을 내는 분석 모델을 알아내고 이를 선택하는 데 도움을 주는 플랫폼도 구축했다.

우리는 TDD에 있어 매우 실용적인 접근 방법을 학습했다. 우리가 할 수 있는 더 좋은 것들이 있긴 하지만 이는 시간이 해결해 줄 것이다. 우리가 놓치지 말아야 할 가장 중요한 점은 여러분의 테스트가 왜 그렇게 흘러가는지 여러분 스스로 계속 질문하고, 테스트 실행 속도가 심하게 느려질 때마다 어떻게 하면 더 개선시킬 수 있을지를 고민하는 것이다.

요약

이 장에서는 주어진 광고 캠페인에 드는 비용을 최적화하기 위해 약간 복잡한 데이터를 대상으로 분석 모델을 구현했다. 이 책을 처음 시작할 때, 우리가 수익을 통해 머신 러닝을 측정하는 것에 대해 학습할 것이라는 점을 살짝 언급했다. 이는 매우 좋은 예제라고 볼 수 있다. 다양한 기술의 조합을 통해 실제 환경에서 접할 수 있는 문제에도 적용 가능한 분석 모델을 만들어낼 수 있다. 무엇보다도, sklearn 라이브러리와 여러분의 코드가 심하게 결합되지 않으면서도 sklearn을 잘 동작시킬 수 있는 방법을 학습했다.

이제는 머신 러닝 알고리즘을 손으로 직접 구현하는 데 시간을 많이 들이지 않아도 될 것이다. 대신, sklearn 라이브러리 안에 구현되어 있는 분석 모델을 잘 활용하는 데 시간을 더 많이 쏟기 바란다. 우리는 sklearn의 파이프라인 기능이나 이를 지원하는 머신 러닝 알고리즘들에 대한 수많은 매개변수를 다루지도 않았다. 분류분석 모델의 대부분에서 sklearn 라이브러리는 주어진 분류분석 기법의 확률 계산 기능을 지원하고 있다. 이 장에서 학습한 대로, 이는 회귀분석과 같은 머신 러닝 기법들을 조합할 때 매우 좋은 툴이 될 수 있다. 이러한 기법들을 복합적으로 사용하는 경우는 확률 분야와 경제학 분야에서 특히 많이 나타난다. 이 책에서 우리가 어떤 기대를 했던 것처럼, 간단한 수학적 지식조차도 더 많이 학습할수록, 복합적인 머신 러닝 분석 모델을 구현할 수 있는 능력을 갖추도록 해줄 것이고, 이를 통해 더욱 높은 전문성을 갖게 될 것이다.

찾아보기

ㄱ ~ ㄴ

가우시안 나이브 베이즈 분류분석기 115
가우시안 분류분석 116
가중치 48
개선된 분석 모델 39
검증 방법 39
고급 회귀분석 84
교차 검증 96
그러고 나면 25, 31
난수 78

ㄷ ~ ㄹ

데이터 생성 작업 87
도큐멘테이션 180
독립 변수 91
딕셔너리 126
랜덤 포레스트 분류분석기 141
랜덤 포레스트 알고리즘 성능 개선 153
로지스틱 회귀분석 101
리팩토링 24

ㅁ ~ ㅂ

마일스톤 111
머신 러닝 32
머신 러닝 알고리즘 216
베이즈 법칙 139
부스트래핑 bandit 74
분류분석 39
분산 117, 128
분석 모델 98
분석 모델 개발 118
빨간색 23

ㅅ

샘플 데이터 103
생성자 메소드 53

선형 분류분석기 46
스프레드시트 45
스프레드시트 시나리오 52
시뮬레이션 기반 테스팅 63
실제 환경에서 시뮬레이션 68
실패 테스트 23

ㅇ

알고리즘 개발 47
언제 25, 31
업리프트 모델링 185
연속 구간 101
예측치 48
의사결정 트리 알고리즘 180
이항 분포 103
익스플로레이션 62
익스플로이테이션 62
인스턴스 타입 174
인코딩 214
입력 데이터 127

ㅈ ~ ㅊ

전체 통합 작업 185
정규 분포 72
정량적 분석 41
정량화 기반의 분석 모델 85
주어진 조건 25, 30
초록색 24
최적화 141

ㅋ ~ ㅌ

클래스 초기화 164
클러스터링 41
테스트 상세 분석 30
트리트먼트 이름 214

ㅍ ~ ㅎ

퍼셉트론 45
평균 117
표준값 93
확률 분포 72
확률적 속성 문제 해결 33
회귀분석 40, 83
회귀분석 관련 개념 84

A ~ M

AlwaysTrueClassifier 173
AUC 스코어 106
BanditScenario 68
BDD 25
binary linear classifier 46
binomial distribution 103
Clustering 41
CopyCatClassifier 172
DataFrame 107
Decision tree 180
exploitation 62
exploration 62
failing test 23
Gaussian Naive Bayes classifier 115
Given 25
guess 37
Mean 117
Multi-armed bandit 61

O ~ Z

OrderedDict 137
probability 136
Random Forest classifier 141
Randomized probability matching 알고리즘 71
ROC 그래프 42
scikit-learn 159
scikit-learn 라이브러리 141
SimpleBandit 알고리즘 79
statsmodels 103
SyncPatient 148
SyncTranscript 148
TDD 25
TDD 사이클 23
Then 25
train 54
uplift modeling 185
variance 128
When 25

에이콘출판의 기틀을 마련하신 故 정완재 선생님 (1935-2004)

테스트 주도 머신 러닝

TDD 기법을 활용한 머신 러닝 알고리즘 구현

인 쇄 | 2016년 7월 19일
발 행 | 2016년 7월 27일

지은이 | 저스틴 보조니어
옮긴이 | 남궁영환

펴낸이 | 권 성 준
편집장 | 황 영 주
편 집 | 오 원 영
디자인 | 이 승 미

에이콘출판주식회사
서울특별시 양천구 국회대로 287 (목동 802-7) 2층 (07967)
전화 02-2653-7600, 팩스 02-2653-0433
www.acornpub.co.kr / editor@acornpub.co.kr

한국어판 © 에이콘출판주식회사, 2016, Printed in Korea.
ISBN 978-89-6077-891-7
ISBN 978-89-6077-210-6 (세트)
http://www.acornpub.co.kr/book/test-driven-machine-learning

이 도서의 국립중앙도서관 출판시도서목록(CIP)은 서지정보유통지원시스템 홈페이지(http://seoji.nl.go.kr)와
국가자료공동목록시스템(http://www.nl.go.kr/kolisnet)에서 이용하실 수 있습니다.(CIP제어번호: CIP2016017532)

책값은 뒤표지에 있습니다.